こんなところでつまずかない！

民事訴訟手続
21のメソッド

東京弁護士会 親和全期会
編著

第一法規

はしがき

民事訴訟手続に精通することは、弁護士業務の中核であるといっても過言ではありません。紛争を抱えた依頼者の権利を擁護するための手段として必要不可欠であることはもちろん、契約書作成などの予防法務の分野においても、仮に訴訟になった場合の手続や見通しがわかっていなければ適切なアドバイスや対策をとることはできません。

民事訴訟では、訴訟が始まる前の段階から、当事者選択や証拠収集、管轄、送達などの課題があり、提訴後の審理においては争点整理や主張・立証、尋問などの手続があり、終局においては、和解や判決、上訴と手続が進行していきますが、適切な事案解決を図るためには、それぞれの場面において、正確な知識を前提とした適時の適切な対応と工夫が求められます。

本書は、主に比較的実務経験の浅い新人弁護士・若手弁護士にとって、日々の業務の参考となるよう、民事訴訟の手続面に焦点をあて、民事訴訟における中堅・若手弁護士の工夫や経験について体験談を中心にまとめたものです。紙面に限りがありますので、民事訴訟手続全般の網羅的な解説は他書に譲りますが、本書に掲載した体験談はどれも、具体的な紛争に直面した弁護士が、依頼者の利益確保や紛争解決に向け、現実の訴訟の場面で創意工夫を凝らし、経験してきた実践的なものであり、本書を手に取られた読者の方の参考になるものと思います。

本書の執筆・編集を担当したのは、東京弁護士会内の任意団体である親和全期会に所属する弁護士です。親和全期会は、東京弁護士会に所属する弁護士のうち、司法修習終了後15年未満の中堅・若手弁護士によって構成される団体で、現在、所属弁護士は約1,100名です。親和全期会では、弁護士業務に関連する研修や講演会や会員間の親睦行事を開催し、また、書籍の執筆・出版のほか、日本弁護士連合会や東京弁護士会などの会務や政策に対し意見提言を行うなどの様々な活動を行っており、所属会員は、これらの活動を通じて、所属事務所の枠を超えて多くの弁護士と交流し、情報や悩みを共有しながら日々切磋琢磨しております。

本書が、われわれと同じように日々の業務で紛争解決のため悩みながらも努力している多くの新人弁護士・若手弁護士の一助となれば幸甚です。

最後に、本書の出版にあたっては、第一法規株式会社の編集第一部の川村茉優氏、小林千紘氏、藤井恒人氏には、執筆準備からスケジュール管理、編集方針の助言など、なかなかきちんとスケジュールを守らない弁護士を相手に大変粘り強いご尽力を賜りました。ここに厚く御礼申し上げます。

令和４年12月
東京弁護士会　親和全期会
令和４年度代表幹事
弁護士　川瀬　渡

こんなところでつまずかない！
民事訴訟手続21のメソッド

目次 Contents

本書中の体験談は、執筆者自身の経験や他の弁護士へのインタビュー等を元に内容を再構成したものです。各体験談冒頭のプロフィールは、必ずしも各執筆者のプロフィールと一致するものではありません。

凡例

裁判例には、原則として判例情報データベース「D1-Law.com判例体系」（https://d1l-dh.d1-law.com/）の検索項目となる判例 ID を〔　〕で記載しています。

例：東京地判平成 27 年 9 月 7 日判タ 1422 号 371 頁〔29013614〕

民録	大審院民事判決録
民集	最高裁判所民事判例集
裁判集民	最高裁判所裁判集民事
判時	判例時報
判タ	判例タイムズ

各社の商標または登録商標

・Zoom は Zoom Video communications, Inc. の商標または登録商標です。

・Excel、Microsoft Teams は Microsoft Corporation の商標または登録商標です。

本文中に記載されている他の製品名及びサービス名は、各社の登録商標、商標又は商品名です。なお、本文中ではこれらについて®、TM などのマークを省略しています。

本書は 2022 年 12 月までに公表されている内容によっています。

Method
01 訴え提起前の証拠収集

▸ 戦いは既に始まっている！

――訴訟でよい結果を得るためには、訴え提起前から戦術を立て、訴訟の見通しをつけることが大切である。訴え提起前から、できる範囲の証拠を収集し、しっかり精査することで結果が変わることもある。

証拠収集の重要性

訴訟による解決を図るために、訴え提起前に客観的証拠及び主観的証拠を収集し、予定している主張の裏付けの有無や、事案に即した法律構成を検討することは、裁判の帰すうに影響するため、大変重要です。

もちろん、訴え提起後に証拠収集する手段もありますが、訴訟戦術を立てるためには、訴え提起前にできる限りの証拠収集をして、内容を精査しておくことが肝要です。訴え提起前の証拠収集には、どのようなものがあるのでしょうか。

裁判外の証拠収集

1　弁護士会照会制度（23条照会）の活用

弁護士会照会制度を活用することによって、当事者や関係者を探知・

特定したり、証拠になり得る情報及び証拠の収集をすることができます。一般的・探索的な証拠収集が可能であるという点も含めて、比較的弾力的な証拠収集の手段です。

例えば、弁護士会照会を利用して、交通事故事件に関連して実況見分調書・物件事故報告書、信号機サイクル、また外国への出入国記録、携帯電話等の名義人等の情報など、さまざまな照会をすることが可能です。

留意点としては、個人情報保護等への配慮やその他の事情等から、照会先が回答拒絶をするケースも相当数あるということです。各弁護士会の運用によって、弁護士会照会の手数料は異なりますが、費用対効果の点で、照会先によっては、どの時点で照会するのが適当か、また訴え提起後に調査嘱託による証拠収集による方が適当かなど、検討する余地はあるかもしれません。

もっとも、質問内容に即した回答を得られる場合は、事案の帰すうに影響するような証拠となることや、得られた情報を積み上げることによって道筋が見えてくることも多くあります。発刊されている弁護士会照会にかかる書籍等を参考に、証拠収集の具体的な活用を検討するのもよいでしょう。

2　民事裁判記録の閲覧謄写の活用

訴え提起を予定している事案と同種類似別事案が、すでに、他の当事者によって訴え提起されていることがあります。

訴訟記録の閲覧は、誰でもすることができます（民事訴訟法91条1項)。閲覧した記録はメモすることができ、事件解決の端緒を見つけ、また関連情報の収集ができることがあります。

また、利害関係を疎明した第三者は、当該訴訟記録の謄写を請求することができます。ここでいう「利害関係」は、法律上の利害関係でなければなりませんが、訴訟の結果が直ちにその者の法律関係に影響を与えるほどの直接的な利害関係までは要しないとされています。このような関係性を疎明することで、証拠資料として活用し得る書類等を入手することができます。実際、閲覧の際に訴訟記録の末尾を見ると、第三者による閲覧謄写申請がされている書類を見かけることがあり、証拠収集として活用されているようです。

3　刑事記録の閲覧・謄写の活用

被告の名宛人とする予定の者が、当該又は関連事件で、刑事事件として立件されていることがあります。その場合には、刑事記録は非常に有益な証拠となり得ます。

例えば、交通事故の損害賠償請求をするにあたって不起訴記録や刑事裁判記録は非常に重要です。また、詐欺事件が立件されている場合には、被害回復のための損害賠償請求において、関連する被告人らの刑事裁判記録や捜査機関による詳細な分析や供述調書等によって、全容及び被害の実態に近づくことができ、証拠書類として大変有益です。

具体的には

・不起訴記録の謄写ができます。

・裁判係属中には、立場によって、以下2点の対応をとることができます。

① 犯罪被害者等の権利利益の保護を図るための刑事手続に付随する措置に関する法律3条（いわゆる犯罪被害者保護法）に基づく、訴訟記録の閲覧・謄写の申出

② 同種余罪の被害者等による公判記録の閲覧・謄写の申出（同法4条）

・裁判確定後の刑事確定記録は、第一審裁判所に対応する検察庁の検察官が保管することになっており、確定記録の閲覧申請をすることができます（刑事確定訴訟記録法2条、刑事訴訟法53条1項）。

4　当事者及び関係者からの聴き取り

訴え提起前の段階から、当事者及び関係者より、陳述書を作成できる程度に細かく、事情について聴き取りをしておくことによって、訴訟及び立証方針を立てやすくなります。また、全体像を把握できていることによって、訴訟後の展開に対して柔軟な対応をすることが可能となりま

す。

5　裁判上の証拠収集

訴え提起前の裁判上の証拠収集手続としては、証拠保全手続（民事訴訟法234条）があります。また、予告通知を行っていれば、文書送付嘱託、調査嘱託、専門的知見を有する者への意見陳述の嘱託及び執行官への調査命令があります（同法132条の4第1項各号）。

特に、証拠保全手続は、医療事件や証券事件など、証拠となり得る情報等の偏在があるケースでは、早い段階での証拠収集手段として訴え提起前の手続が有益となる場合があります。

体験談1

人的証拠、軽んずべからず

弁護士14年目　男性

証拠は物的証拠に限られない

証拠収集といえば、とかく文書等の物的証拠・客観的証拠の収集に考えが向きがちだと思います。裁判所は書面主義ですし、契約書等の書証が立証の中心となるため当然のことではあります。ですが、契約書の条項を前提とすると実際の取引経過と齟齬が生じ、依頼者に有利な結論が導かれる可能性が低い場合にはどうすべきでしょうか。

取引実態が反映されていない契約書

営業代行を業とする会社の業務委託代金請求事件を受任したときのことです。その取引では、業界で慣例的に用いられていた、いわゆる「縛りのきつい」契約書が、委託者から提示されるがままに締結されており、取引実態が反映されていない点が多々ある内容のものでした。そして、さまざまな話の行き違いや対立が生じ、最終的に委託者側から一方的に契約を打ち切られるとともに、委託者が契約書の条項を盾に最後の数か月分の業務委託費の支払いを拒んだため、訴訟を提起することになりました。

「契約書の壁」を乗り越える！

この事件では、契約書以外の物的証拠として営業活動の記録データ及び主張の対立が生じた当時に、取引担当者間でやり取りされたメールのデータがありました。そのメールには、対立点に関する話合いが行われた際に、契約書と取引の実態に齟齬があること、業務委託費の支払いをすべきことを相手が認めたようにもとれるやり取りもみられるのですが、いずれも決定的な証拠というには程遠いものでした。

ですがここで諦めるわけにはいきません。とにかくメールのやり取りの「隙間を埋め」て、「『契約書の壁』を乗り越える」というイメージを依頼者に伝えながら、人的証拠（供述）をできる限り集める対応を行うことにしました。

具体的には、受任当初から元従業員を含めて関係者に対して何度も聴取を行いミーティングを行うと同時に、相当量にのぼるメールのやり取りを確認・分析して当時の代金請求内容をリスト化したものと紐付けを行いました。そして、さらに補充の聴き取りを行って、関係者の供述内容をすぐにでも陳述書として提出できるように準備し、契約書に記載されている内容と異なる取引が実態として行われていたことを示せるよう、主張・立証を組み立てて訴えを提起しました。聴き取りを進めるにあたっては、コロナ禍で一気に普及したZoom等のオンラインミーティングが非常に有用でした。

戦略的な主張・立証も重要

そして、訴訟では、まず相手側に契約書に基づく主張を展開させてから、陳述書を含めた上記の証拠を提出し、契約書の条項と当時の取引における実態との間の矛盾や齟齬を詳細かつ丹念に指摘して主張を展開するという戦術をとりました。その結果、これが功を奏して、「契約書の条項どおりに取引が行われていない実態がある」という当方の主張について裁判所の理解を得ることができ、尋問前の段階で代金の相当部分を支払う形での和解に至ることができました。

立証パズルの欠けているピースを埋める

このように、当事者・関係者の話を詳細に聴き取り、それを丹念に積み上げることにより、契約書等の中心的な物的証拠に基づけば決して有利とはいえない状況を打開することができます。たとえ請求認容判決に至らずとも、少しでも有利な条件での和解に持ち込める可能性が生じ得ます。また、訴訟前に陳述書のたたき台を準備しておけば、尋問に至っても後手に回ることなく準備を進めることもできます。さらに、訴訟前に依頼者・関係者との密なコミュニケーションをとることにより、依頼者等の事件や訴訟に対する理解を深めることにつながります。そのため訴訟前の証拠収集として、「立証パズルの欠けているピースを埋める」ようなイメージで、受任当初から関係者の話を広く詳しく聴き取り、陳述書（あるいはそのたたき台）を作成することをおすすめします。

体験談 2

裁判記録謄写閲覧の活用のススメ

弁護士 13 年目　女性

裁判記録は、貴重な情報の宝庫

民事裁判の訴訟記録は、原則として、誰でも閲覧することができます。また、利害関係を疎明できれば、謄写請求をして書類等を取得することもできます。

私が 1～5 年目までの頃、東京地裁の 1 階受付周辺には、期日簿が毎日設置されていました。それには、事件番号、事件の種類、当事者、開廷日時が記載されていて、時折、単なる関心もあってパラパラと見ていました。

そのとき、抱えている事件に関連性がありそうな事案に遭遇したことがありました。事件番号等の特定情報をメモし、東京地裁の 14 階で記録の閲覧をしたところ、関連する事案の事件で、法律構成の主張内容や証拠書類等でも、参考になるものがいろいろありました。そこで、それらもメモをして帰り、抱えている事案の主張・立証のために有効活用できたことがありました。知らなかったら苦戦していたかもしれません。

刑事裁判記録も見てみよう！

投資被害にかかる損害賠償請求事件の訴え提起に向けて、同種余罪の被害者の代理人の立場で、同種事案の公判記録の閲覧謄写をするために、関西の地裁まで行ったことがあります。

公判記録が 10 冊を超えていて、全ての記録を謄写するとしたら費用面で負担が大きく、書面送付での謄写請求するのは躊躇しました。一方で、刑事裁判記録の捜査資料が、民事裁判の立証手段として非常に有益であることは明らかでした。そのため、実際に私が担当部に行き、公判記録を閲覧し、必要な書類を選別して謄写できれば分量を抑えることができるうえ、一部でもカメラで謄写として撮影すれば、交通費の範囲で費用の支出を抑えることができると考えました。

当日はもちろん日帰りでした。裁判所が開いている間のほぼ1日中、地裁の刑事部に籠って、書記官が仕事をする傍らでひたすら記録を見て、カメラで撮影し、時間不足の箇所は司法協会に依頼する、という作業を延々とすることとなりました。今さらながら、部外者が1日中、書記官室に居ることとなりお邪魔だったなと思います。しかし、同種事案に関連する訴え提起予定の民事裁判において、全容を的確に裁判所に伝え、違法性を立証することは、手元の情報のみでは限界があり、困難な蓋然性が高かった事案だったため、必死だったのかもしれません。

その後、事務所に戻って、再度、記録を整理し、客観的証拠類・供述調書・被告人質問調書などを整理し、違法性の主張に沿って、それなりの分量の刑事記録を証拠として、タイミングをみて裁判の流れの中で、提出しました。

詳細な捜査記録による裁判記録の効果は、やはりてきめんで、普段であれば、「うーん」と疑問を指摘されるような点においても、裁判官の反応は「なるほど」と納得の様子でした。

さらに、最終的な判決においても、請求認容はもちろんのこと、非常に説得力のある理由を指摘してもらっていたので、証拠収集に奔走した結果が表れてホッとすることができました。

裁判記録は、情報の宝庫です。使い方次第ではあるものの、1つの証拠収集手段としてぜひ活用してみてください。

ワンポイントアドバイス

訴え提起前から創意工夫で積極的な証拠収集を

「論より証拠」というとおり、訴訟において証拠の重要性は論をまちません。依頼者が持参する資料を精査することはもちろん、訴え提起前から積極的に証拠を収集することも、訴訟を有利に進めるためには必要不可欠です。

体験談１は、とかく書面主義になりがちの裁判所を説得する証拠として関係者の陳述書などの「人的証拠」を準備し、戦略的な主張・立証を試みる点において参考になるでしょう。

また、訴え提起前の証拠収集方法は、23条照会ばかりではありません。体験談２のように、同種事案の訴訟記録は情報の宝庫で、特に、あまり経験がない分野での訴訟準備において威力を発揮します。

Method

02 当事者選択

▶ 解決の扉を開くのは誰か？

――民事手続が紛争解決を目指すものである以上、当事者の選択についても「誰と誰を当事者とすることが紛争解決に最も資するのか」という点を意識して検討すべきである。

民事訴訟法に「当事者」の規定はない！？

民事訴訟法第１編第３章の表題は「当事者」と表記されていますが、民事訴訟法には「誰が当事者となるのか」という一般的な定義規定はありません。そのため、多くのいわゆる「当事者論」が講学上議論されていることは周知のとおりだと思います。

そのような話はさておいても、弁護士は依頼者のために紛争解決の手段として訴訟等の民事手続を進めるわけですから、「依頼者の」立場から当事者選択の場面において考えるべきです。「誰と誰を当事者とすることが紛争解決に最も資するのか」、さらにいえば「依頼者にとってより有利な結論に近づくためには誰を相手として訴えればよいのか」という観点から当事者選択が検討されるべきといえます。これを一般的な金銭請求にあてはめると「支払いを得られる可能性が高い者を当事者とすべき」ということになります。

鉱脈を掘り当てる

当事者の選択の場面では、契約関係の場合には契約当事者、不法行為の場合には加害者と被害者が当事者、すなわち原告と被告になるのが通常ですが、もし、当該相手方当事者が無資力である等の事情から支払いを得られる可能性が低い場合、どうするべきでしょうか。

この点についてはそれぞれの事件における前提状況はさまざまですので一概には言えないところです。しかし、弁護士としては、あらゆる法的可能性・法的許容性を検討して、支払いを得られる可能性がある者を当事者とすべきだといえるでしょう。

具体的には、先取特権（物上代位）（民法303条以下）、債権者代位権（同法423条）、詐害行為取消権（同法424条）、（共同）不法行為（同法709条、719条）、使用者責任（同法715条）、役員等の第三者に対する損害賠償責任（会社法429条）、法人格否認の法理等の条項・理論に照らして、当事者として選択する可能性を探るべきといえます。特に、債権者代位権及び詐害行為取消権に関しては、平成29年に民法が改正がされましたので、これまでの判例理論の条文化という意味付けをふまえたとしても積極的に検討されてよいでしょう。もちろん不当訴訟や濫訴との誹りを受けるような当事者選択や提訴は許されませんが、法的許容性が確保できるのであれば、たとえその者に対して正面から請求認容判決を得るのが難しい展開になったとしても和解の場面で支払いが得られることもあります。それならば諦めずに経済的利益の獲得につながる鉱脈を掘り当てるような検討がされてしかるべきではないでしょうか。

体験談 1

当事者の選択

弁護士 14 年目　男性

ここでは、取引当事者や行為者以外の者を当事者として選択し、訴えを提起したことで、経済的利益が得られたケースを紹介して、そのポイントを伝えたいと思います。

役員等の第三者に対する損害賠償責任に基づく当事者選択のケース

業者間の下請工事に関して、詐欺的取引の被害に遭った依頼者が未払工事代金を請求するときのことです。相手の会社は形骸的な状態、代表取締役は音信不通・所在不明の状況で、会社を被告として訴えを提起したとしても、代金の回収の見込みはほぼありませんでした。

代金の回収につながる手がかりがないかと調査を進めると、管轄外本店移転前の閉鎖事項に代表者と同じ苗字の取締役の辞任登記がありました。取引期間中に取締役として在任していたことから、職務上請求により代表者の親族関係を確認してみました。その結果、代表者の父親であることが判明したため、連絡を試みましたが応答がありませんでした。そのため会社法 429 条（役員等の第三者に対する損害賠償責任）に基づき代表者の父親を会社と共同被告として訴えを提起しました。

訴訟では父親の元取締役が出頭し、自ら名目的取締役であることを主張し、最終的に代金の一部を支払う旨の訴訟上の和解が成立しました。

使用者責任に基づく当事者選択のケース

ある飲食店において、店長が配偶者がいることを秘してアルバイトの女性と交際し、その女性に肉体的・精神的苦痛を与えた損害賠償請求に至ったケースです。当該店長は行方不明になってしまったことから、飲食店を運営する会社に対して民法715条（使用者責任）に基づき損害賠償請求訴訟を提起しました。

訴訟では当初、相手方会社は「職場恋愛の範疇での出来事であり、会社が責任を負う理由はない」という主張をしていましたが、裁判所が「事業の執行について」生じた損害であることを全面的に認める見解を示したことから、請求額の大部分を支払う旨の勝訴的和解に至ることができました。

直接の当事者以外を
当事者として選択する場合のポイント

①十分な事前調査と法的検討を行う

上記のとおり、直接の当事者以外を当事者として選択することは、本来的当事者以外に対する訴訟では権利実現が図れない場合に対処する次善の策です。十分な事前調査とそれに基づく法的検討が必須であり、これらが不十分であると、不当訴訟・濫訴といった誹りを受けかねませんので、注意が必要です。

②依頼者に事件の見通し等を十分に説明し、理解を得る

本来的当事者以外を当事者として選択する訴訟は、あくまで次善の策です。それでも依頼者はそのような理解をするとは限らず、これにより望む結果が得られるものと期待を膨らませるものです。事案の見通しについては依頼者に十分すぎるくらいに説明をして、理解を得ておく必要があります。場合により「方針確認書」を作成して取り交わ

しておくのもよいでしょう。

③裁判所の反応を注視しつつ
落としどころを常に意識して訴訟追行する

裁判所によっては本来的当事者以外を当事者として選択して提訴するというイレギュラーをよしとせず、「不適法」とさえ言いかねないような反応が示されることもあります。裁判所は最終判断を行う機関ですので、必要以上に抗うことは結果として依頼者の利益から遠ざかってしまうこともあり得ます。また、相手方にとっても、当初から「紛争に巻き込まれた」という感を抱くことは避けがたいところですので、常に落としどころや潮時を意識して訴訟追行する必要があるといえます。

体験談 2

清算会社に対する訴訟提起

弁護士５年目　男性

よくある債権回収の相談

弁護士として働いていると、債権回収の相談はよくある相談の１つといえます。

依頼者は廃棄物処理に関わる企業です。廃業予定の企業から産業廃棄物の処理を委託され、処理を完了したにもかかわらず、契約書に定める計算式に基づく処理費用（契約書で１kg あたりいくらと単価を定め、それに実際の処理数量を乗じて処理費用を算出するというもの）を払ってもらえないということで、事務所に相談に来ました。相談に来る前に、依頼者自ら交渉での解決を図ったものの、交渉がまとまらなかったので、弁護士に依頼したいとのことでした。

契約書の内容に多少不備があったものの、依頼者から聞き取った内容に照らすと、勝訴の見込みはあると考えられたことから、当該依頼を受任することになりました。

相手方の企業にはすでに代理人弁護士が付いていたのでさっそく、相手方弁護士に受任通知のFAXを送るとともに、念のため交渉での解決を図れないか電話にて打診してみました。

しかし、相手方弁護士からは、「依頼者の見積もりよりも大量の廃棄物が処理されたため、契約書に定める計算式に基づいて処理費用を支払うことはできない」との回答でした。一定額の支払いの意向が示されましたが、依頼者の希望する金額と乖離が激しく、交渉による解決は図れませんでした。

なお、電話の終了間際、相手方から、今後相手方の企業が解散する予定との話がチラッとなされましたが、この時は後に問題が生じるとは思っていませんでした。

うちの債権、残ってますよ！？

交渉による解決が図れないとなると、訴訟提起の準備を進めなければなりません。一部、証拠の不足があったことから、依頼者に不足している証拠を準備してもらうよう頼みつつ、訴状の起案に取り掛かりました。

こうして訴訟提起の準備を進めている中、相手方弁護士より、会社が解散し清算手続に入ったことが伝えられました。債権が残ったまま清算は完了しないという知識はありましたので、当該相手方弁護士の連絡を受けたときは、早めに訴訟提起をした方がよいなといった程度に軽く考えていました。

しかし、依頼者において証拠の準備に時間がかかり、また、私も緊急性のある他の業務を優先してしまい、証拠の催促をしなかったことから、証拠が揃うのに想定したより時間がかかってしまいましたが、相手方の登記事項証明書を取得したところ、なんと清算結了の登記がなされていました。

急いで相手方弁護士に確認の連絡を入れたところ、解散及び清算手続については相手方の清算人（元代表取締役）と顧問税理士が主導で行っており、依頼者の債務を残したまま清算結了の登記をしてしまったとのことでした。なお、依頼者の債権が残っていることは認識しており、清算人において資金をプールしているとの情報も得られました。

被告は、清算会社？　清算人？

上記の事情が判明し、被告を清算会社とすべきか、清算人とすべきかで悩みました。ひとまず、債権が存在するにもかかわらず清算結了の登記がなされてしまった場合、法的にどのように考えられているのかを調査したところ、次のことがわかりました。

清算手続において、株主・社員に対する残余財産の分配は、会社の債務を弁済した後でなければ行うことができないのが原則であり（会社法502条、664条、976条30号）、例外的に存否・額につき争いのある債務についてその弁済に必要と認められる財産を留保して残余の財産を分配することは可能とされています（同法502条ただし書き・664条ただし書き）。なお、債権者が存在するにもかかわらずこれを無視して債務の弁済をせずに残余財産を分配することは許されず、株主総会でその内容の決算報告承認の決議をしても当該決議は無効とされています（東京地判平成27年9月7日判タ1422号371頁〔29013614〕）。そして、清算結了の登記がされていても、債権が残存するときは会社の法人格は消滅しないとされています（大判大正5年3月17日民録22輯364頁〔27522129〕）。

上記に照らすと、依頼者の債権が残存する本件では、清算会社の法人格は消滅していないと考えられます。また、相手方弁護士より、資金をプールしている旨を伝えられているところ、その資金をもって、依頼者の債権が弁済されるのであれば清算人が依頼者に対して損害賠償義務を負うことはないのではないかとも考えました。そこで、ひとまず、清算会社を被告として訴訟を提起することとしました。

その後の経過

結局、上記の事情を記載した訴状を提出したこともあり、裁判所からは、清算会社を被告とする訴訟提起については問題とされませんでした。また、依頼者と清算会社との間で和解が成立し、和解金が支払われたため、執行の問題も生じることなく、事件は無事に終結しました。

しかしながら、もし、和解が成立せず清算人がプールしている資金が十分ではなかった場合、清算会社に対する訴訟提起のみでは足りなかったのではないかという疑問が残ります。この場合、清算人がプールしている金額について求釈明をし、金額に不足が生じる可能性があった場合、清算人に対する別訴を提起して、弁論の併合を求めるといった対応が必要でした。また、そもそも、提訴の段階から清算会社と清算人の双方を被告として提訴をするといった対応もあったのではないかと考えています。

体験談 3

戸籍の記載はわかりづらい

弁護士 10 年目　男性

当事者の特定

不動産関連の事件では、通常は法務局からの登記事項証明書や登記情報提供サービスの登記情報の権利部に記載されている情報をもとに当事者を特定するケースが多くあります。

しかし、相続登記がされていないことも多く、その場合は、戸籍取得して相続人を調べて、その相続人を当事者としなければなりません。何代にもわたり相続登記がされていない場合には、相続人も多く、取得しなければならない戸籍の数も多くなってきます。

また、相続人が多い場合、相続人同士が一枚岩でないことも多く、その場合にはさらに事案が複雑になっていきます。

相続人ではない！？

共有不動産について相続人のグループ同士が争っている事件を受任したときのことです。この事件では、登記上は X さんから A さん、B さんに相続登記がされ、以降、相続登記がされておらず、A さんの相続人グループと B さんの相続人グループで争いになっていました。

相続人の数が多く、話合いの段階で相手方グループに代理人が付かなかったこともあり、協議での解決は困難と判断した私は、登記上の情報をもとに戸籍を取得し、X さんの相続人を調査して裁判所に訴訟提起しました。

訴状審査もクリアして、訴訟段階になると相手方グループにも代理人が付き、順調に審理も進行してそろそろ判決も見えてきた段階で、突然、裁判官から「そもそも、Aさん（私が代理人をしているグループの被相続人）はXさんの相続人ではないのではないか」と指摘されました。

登記上はXさんからAさん、Bさんに相続登記がされており、依頼者も相手方グループもAさんがXさんの相続人であることを当然の前提としていましたので、最初は裁判官の指摘の意味がわかりませんでした。しかし、よくよく戸籍を調べてみると、Aさんは、XさんとAさんの母親が婚姻する1日前に生まれており（婚姻後に出生届が提出されていたため、戸籍では一見、婚姻後に生まれているような記載でした）、認知もされておらず、養子縁組もされていないため、裁判官の指摘どおりAさんはXさんの相続人ではないことが判明しました。

AさんがXさんの相続人でなければ、Aさんの相続人グループは当事者適格を欠き、訴えは却下になってしまうので、この事実が判明したときは冷や汗が流れました。

なんとか本来の目的は達成

担当していた事件では、Aさんの相続人グループが問題となっている不動産を手放すことを目的としていたため、構成を変えて不動産をBさんのグループに引き取らせることができ、結果として目的を達成することができましたが、一歩間違えれば大きな問題になっていた可能性があります。

私の失敗は、登記上相続登記がされていたことや、当事者の話から、思い込みが入ってしまい、戸籍の記載を詳しく確認していなかったことです。相続人の調査については事務局に任せてしまう事務所も多いでしょうが、そこにミスがあれば、結局は弁護士の責任になります。

当事者の特定には、思い込みを排除して確認をすべきだと教えられた事件でした。

ワンポイントアドバイス

当事者の選択にも法的根拠と証拠の十分な検討を

当事者の選択は、現に生じている紛争の捉え方に直結します。誰と誰の間で、どのような法的構成で請求すれば紛争解決に資するのか、回収可能性が高いのか、依頼者から聴き取った情報や証拠となる資料から的確に判断する必要があります。

また、体験談3のように、登記上当事者のように見えても、本当に真の当事者といえるのか、検討が必要な場面もあるでしょう。

とはいえ、紛争解決の視点や回収可能性ばかりを優先して当事者を選択するのは不当訴訟となる危険があります。当然ながら、当事者の選択においても、請求に法的根拠があるのか、証拠となるべき資料があるのか、十分な検討が必要不可欠です。

Method

03 集団訴訟・複雑訴訟

▸ 当事者増えれば苦労も増える？

――集団訴訟・複雑訴訟は、文字どおり関係者が多く利害関係が複雑な様相を呈している。依頼者の権利の実現と紛争の実効的解決のために、いかなる制度をどのように運用するか、視野を広くとった戦略的なプラクティスが求められる。

集団訴訟・複雑訴訟とは

集団訴訟・複雑訴訟とは法律上の用語ではなく、講学上も確立した定義があるかは微妙なところかもしれません。ただ、社会生活上、一対一の法律関係に還元できない問題は少なくなく、民事訴訟においてこうした問題をすくい上げるべき需要はあるといえます。

民事訴訟法上の制度

例えば、民事訴訟法は、法人格のない社団又は財団であっても、代表者又は管理人の定めがあるものについては当事者能力を認めます（民事訴訟法 29 条）。また、共同の利益を有する多数の者で同法 29 条の規定に該当しないものは、その中から全員のために原告又は被告となるべき

1人又は数人を選定すること（選定当事者）ができるとしています（同法30条）。

以上は集団訴訟・複雑訴訟をなるべく一対一の訴訟に近づけて処理するための制度ですが、多数当事者のままで処理する共同訴訟の場合の規律については、通常共同訴訟、必要的共同訴訟、同時審判の申出の定めが置かれています（同法38条以下）。

さらに、利害関係のある第三者が訴訟に参加し、一定の限度で訴訟行為を行い、訴訟結果に拘束される訴訟参加の制度についても定めが置かれています（同法42条以下）。

特別法上の制度

特別法上の制度としては、例えば消費者団体訴訟制度があります。これは、内閣総理大臣の認定を受けた適格消費者団体が、不特定かつ多数の消費者の利益のために差止請求権を行使したり（消費者契約法12条、不当景品類及び不当表示防止法30条、特定商取引に関する法律58条の18以下、食品表示法11条）、損害賠償請求等の被害回復訴訟を提起したり（消費者の財産的被害の集団的な回復のための民事の裁判手続の特例に関する法律）するものです。

やや趣は異なりますが、株主代表訴訟（会社法847条以下）や住民訴訟（地方自治法242条の2）も集団的な法律関係を確定させるという意味では、同類といえるかもしれません。

体験談 1

自治会を当事者とした訴訟提起

弁護士６年目　男性

自治会内でのトラブルに関する相談

ある日、事務所にとある自治会（以下「本件自治会」）の会長が相談に来ました。相談内容は、自治会の会計係として、同自治会の会計業務に従事している人物（以下「相手方」）が自治会の預金口座から数年間にわたり金銭を横領していることから、横領された金銭を取り戻したいというものでした。証拠の不足や、相手方の資力の問題等はあったものの、相談者の熱意もあり、事件を受任することになりました。

以下、比較的珍しい自治会という法人格のない団体が訴訟提起をする場合、どのような訴訟委任状を取得すべきか、他に準備すべき資料があるかといった点について、私の体験談を紹介したいと思います。

本件自治会の名において訴訟提起ができるか

まず、本件自治会は法人格を取得していない団体であったことから、本件自治会の名で訴訟提起ができるかを検討することとなりました。

民事訴訟法 29 条は「法人でない社団又は財団で代表者又は管理人の定めがあるものは、その名において訴え、又は訴えられることができる」と定めています。これを踏まえると、本件自治会が①社団としての社会的実体を備え、②代表者を定めているのであれば、本件自治会の名において訴訟提起をすることができそうです。本件自治会の構成員の数は 100 人を優に超えており、一人ひとりから委任状を取得することは現実的ではなく、できれば本件自治会の名で訴訟提起がしたいところでした。

そこで、本件自治会が①社団としての社会的実体を備えているかを検討する作業に着手しました。最判昭和 39 年 10 月 15 日民集 18 巻 8 号 1671 頁〔27001362〕によると、①が肯定されるためには、「団体としての組織をそなえ、そこには多数決の原則が行なわれ、構成員の変更にもかかわらず団体そのものが存続し、しかしてその組織によつて代表の方法、総会の運営、財産の管理その他団体としての主要な点が確定しているものでなければならない」とされています。本件自治会の会則を確認したところ、本件自治会が、上記の要件を充足していることが確認できました。

次に、②代表者を定めているかについては、本件自治会の総会議事録や対外的な文書等を確認し、相談者である会長が正式に代表者となっていることも確認できました（もっとも、総会議事録の形式等が不十分であったことから、下記のとおり、別途臨時総会を開いてもらい、相談者が本件自治会の会長である旨を確認する決議をとってもらいました)。

以上を踏まえ、本件自治会の名をもって訴訟提起することとしました。

訴訟提起のための臨時総会の開催及び訴訟委任状等の取得

本件自治会として訴訟提起をすることが決定したため、本件自治会において臨時総会を開催してもらい、①相談者が本件自治会の会長であることを確認する旨、②本件自治会として当事務所の弁護士に対し、相手方に対する訴訟提起等について委任する旨（なお、委任事項については、通常の訴訟委任状の委任事項をアレンジして設定しました）の決議をとってもらいました。そのうえで、当該臨時総会議事録の作成と、その写しの提供をお願いしました。なお、臨時総会議事録については、従前の総会議事録の形式が不十分であったことから、株主総会議事録を参考に、議長ほか２名の署名押印をもらって作成してもらいました。また、委任者を本件自治会、代表者を会長とする訴訟委任状を取得しました。

訴訟提起と上申書の提出

訴訟委任状と臨時総会議事録の写しを取得できたことから、いよいよ裁判所に訴状を提出することとなりました。裁判所から、本件自治会の名をもって訴えを提起するに至った理由を問われることが予測されたため、あらかじめこの点を説明する上申書を作成するとともに、その添付資料として本件自治会の会則と臨時総会議事録の写しを裁判所に提出しました。

その後、裁判所からは、本件自治会の名をもって訴えを提起したことについて疑義を呈されることなく、無事に訴訟が進行しています。

体験談２

多数当事者訴訟のダイナミズム

弁護士４年目　男性

取引先のクーデターに巻き込まれ……

Ｙ社がＸ社に対して工事を発注するに際し、Ｚ氏が仲介をしたという事案です。

Ｚ氏はＹ社首脳部の意向を繰り返し確認しながら仲介の労をとり、XY 間の工事請負契約が締結されるに至りました。

ところが、その後、Ｙ社内でクーデターが勃発した結果、Ｙ社の新首脳部は同契約の成立を否認し、全てはＺ氏がＸ社側と共謀のうえ、Ｙ社の意思とは無関係に関係書類を偽造して行ったことである旨を主張して、Ｘ社からの履行請求を拒絶するとともに、Ｚ氏に対する刑事告訴に及んだというものです。

魔女狩りからの生還

Ｚ氏から依頼を受けた私は、当面の課題として刑事弁護に注力する一方、民事関係についても複眼的な対応を迫られました。というのも、大企業で社会的信用のあるＹ社は積極的なプレスリリースを行って自らの正当性を世間にアピールしていたのに対し、Ｚ氏も本来であれば名誉・信用を守るために対抗措置をとるべきところ、Ｙ社との間の長年にわたる特殊で複雑な関係性から、この時点でＹ社に対し正面から対抗言論や法的措置を行うことは事実上不可能だったのです。

そこで、利害関係が一致するＸ社に一肌脱いでもらうことにしました。Ｘ社としても、Ｙ社内部の事情で契約を反故にされて腹の虫がおさまらず、強制履行と損害賠償を求める民事訴訟を提起（第一訴訟）したところでした。この訴訟において、Ｘ社がＺ氏に対する訴訟告知（民事訴訟法53条）を行い、Ｚ氏はこれに応じてＸ社に補助参加（同法42条）することで、補助参加人としての主張・立証の中で自らの正当性をアピールする場を得ることができたのです。

かくして事件の潮目は変わり、刑事は嫌疑不十分により不起訴となり、その後頃合いを見計らってＺ氏からＹ社に対して直接提起した民事訴訟（第二訴訟）では勝訴的和解を獲得し、Ｚ氏の名誉と信用をなんとか取り戻すことができました。

依頼者Ｚ氏からの「先生のおかげで魔女狩りから生還することができました」との感謝の言葉は、私の弁護士人生における原体験の１つとなっています。

戦慄の裁判官異動

さて、残された第一訴訟はどうなったのでしょうか。

実は第二訴訟の和解条項の定めによりZ氏は第一訴訟から脱退（民事訴訟法48条）したのですが、すでにこの時点で第一訴訟も人証調べを終え、弁論終結を間近に控え、訴訟指揮からうかがわれる裁判所の心証は請求認容（X勝訴）の筋でした。

しかし、ここからがY社訴訟代理人弁護士の手練手管です。弁論終結が予定された期日は3月下旬、裁判長と主任裁判官は異動予定、判決は起案済みと思われる状況でした。ここでY社の弁護士は大量の書証を新たに提出し、強引に弁論続行に持ち込みました。これらの書証は争点とは無関係でしたが、何となく目新しく、見る者の興味を惹かなくもない内容であったというのがミソです。

後は皆さんお察しのとおり。新たに着任した裁判長と主任裁判官は、数年がかりの訴訟の全体像を把握できないまま、社会的信用の高いY社を負けさせる踏ん切りがつかず、書証のうわべの記載をつなぎあわせて請求棄却の判決を下してしまいました。

われわれZ陣営としても、直接には刑事の不起訴処分（嫌疑不十分）と第二訴訟の勝訴的和解により納得できる解決をみたとはいえ、この第一訴訟の終盤の展開は非常に残念でした。裁判官の異動には要注意とよくいわれるところですが、私にとってこれほど鮮烈な体験はほかになく、大きな教訓となっています。

体験談3

集団訴訟における控訴意思の確認

弁護士８年目　女性

集団訴訟の依頼者とのコミュニケーション

弁護士になってすぐに、ある集団訴訟の弁護団に参加しました。原告団は高齢の方が多く、またほとんどの方が遠方に居住していました。

原告らとの日常の連絡について、数百名の原告との意思疎通を常に行うことは現実的ではなく、要所要所で報告集会を行うほかは、原告団の役員に意見集約してもらい、役員の方々と方針決定をし、各原告に書面報告することがほとんどでした。

しかしながら、コロナ禍においては東京の弁護士が原告らの居住地を訪問することも、原告らに東京に来てもらうことも難しくなりました。原告らのほとんどはメールを使わない年代のため、やり取りのハードルは非常に高くなりました。

判決、そして控訴意思の確認

コロナ禍の中、当該集団訴訟の第一審判決がありました。しかしながら、控訴期間内に数百名の原告一人ひとりの控訴意思を詳細に確認していくことは難しかったことから、原告団の役員と相談し、原告団全体として控訴する方針を決める一方、控訴意思の有無が確認できない方については、控訴状を提出した後で希望者の取下げ手続を進めることにしました。

連絡がつかない原告への対応

事前に意思確認ができなかった方について順次取下げ希望の確認をしていくのですが、住所が変わった方や亡くなった方、主体的に訴訟に関与していたわけではなくレスポンスをくれない方等が一定数おり、整理に多くの時間がかかりました。

望ましい手法の模索

他の集団訴訟でどのような方法をとっているのかわかりませんが、当初委任契約において控訴に関する取扱いや、本人が連絡先の更新を怠った場合の取扱いを明確に定めておく必要があると強く感じました。

判決の内容がわからない以上、判決前に控訴意思を確認することには限度がありますので、「基準日までに決められた方法で意思表示をしない場合には、控訴提起する／会議出席者の決定に委ねる」等の取決めをしておくことが考えられます。

ワンポイントアドバイス

複雑な状況の整理こそ
弁護士の腕の見せどころ

集団訴訟・複雑訴訟においては、制度の効果的活用のほか、実務上の運用の工夫も重要です。関係者が多く利害関係が複雑であるため、視野を広くとった戦略的な対応が通常の訴訟よりも強く求められます。依頼者の権利の実現と紛争の実効的解決のために、いかなる制度をどのように運用するか、弁護士の腕の見せどころです。

Method
04 送達（付郵便・公示送達）

▸ 送達は侮れない！

——送達は、訴訟係属の発生・不変機関の起算点の発生など、さまざまな効果をもたらす。送達の種類・方法、現地調査の方法・工夫など、よく理解して、慎重な手続を心がけよう。

送達は弁護士の基本！

送達が必要とされる訴訟手続では、送達不奏功だと、訴訟係属は生じず、また期間の進行がされず、訴訟遅延となって手続が進行しないこととなります。弁護士としては、依頼者の利益に資するために、迅速かつ確実な訴訟手続の進行を目指すべく、送達の無事の奏功を目標とすることが必要となります。

なお、民事訴訟法上、送達が必要なときは、職権でするのが原則（民事訴訟法第98条1項）ですが、例外的に、公示送達や和解調書・調停調書等の送達は、申立てによってなされます。また、送達には、次のとおり、さまざまな方法があるため、事案に適した手続を想定して、迅速かつ確実な送達のための準備を進める必要があります。

送達のあれこれ

送達には、以下の方法があります。

①交付送達

ア　原則（同法101条・99条）

郵便又は執行官によって、送達場所において送達を受けるべき者に対し、副本等を交付する（郵便の場合は、特別送達）。

イ　例外　補充送達（送達を受けるべき者以外の者に交付）（同法106条1項・2項）

例えば、「送達を受けるべき者以外の者」とは、同居者、就業場所送達の場合の雇用者・委託者・使用人その他の従業者。また、受取人不在で持ち帰った郵便業務従事者が郵便局窓口で補充送達受領資格者に交付する場合等。

ウ　例外　書記官送達（書記官が裁判所等で交付）（同法100条）

例えば、判決書の受領のために、弁護士が窓口に取りに行く場合、法律事務所の事務員が出頭した場合（使者に対する交付）等。

エ　例外　出会送達（出会った場所で交付）（同法105条）

例えば、裁判所書記官が、所属する裁判所の事件について出頭した送達を受けるべき者に交付する場合、受取人不在で持ち帰った郵便業務従業者が郵便局窓口で送達名宛人に交付する場合等。

オ　例外　差置送達（同法106条3項）

現実の授受行為がないもの。送達を受けるべき者が、正当な理由なく書類の受領を拒んだ場合に、送達をすべき場所に、書類を差し置いてする送達。

例えば、受送達者が病気と偽るなどして再度にわたり門を開かなかった場合等（東京高判昭和46年7月16日判タ269号271頁〔27650125〕）。ただし就業場所において補充送達受領資格者に対して差置送達をすることはできない。

②付郵便送達（書留郵便に付する送達）（同法107条）

これは、①のような交付送達ができない場合に、裁判所書記官が、送達書類を送達名宛人の就業場所以外の送達場所に宛てて、書留郵便によって発送して行う方法です。

原則として、発送のとき郵便局がその書留郵便を受理したときに送達が完了したものとみなされます。

例えば、訴状の送達不奏功のため、書記官に現地調査を求められた結果、送達名宛人の居住等の確認ができた場合、調査報告書を付して、裁判所に対し「書留郵便に付する送達の上申書」を提出することがあります。

③公示送達（同法110～113条）

送達を受けるべき者の住所等が不明なときなど、裁判所書記官が、送達するべき書類を補完し、いつでも送達を受けるべき者に交付すべき旨を裁判所の掲示場に掲示する方法によります。

公示送達は、疎明では足りず証明まで必要とされています。そのため、慎重かつ詳細な調査報告書等の添付が求められる手続です。

居住の有無の判断に迷う事案に遭遇したら、裁判所書記官の意見を求めながら、現地調査・弁護士法23条の2に基づく照会・調査嘱託などによる調査結果を積み上げて、住所等が不明であることを記載することが必要となります。

送達に瑕疵があったら、こんなことがあります！

送達手続に瑕疵がある場合、原則として無効であり、送達を内容とする訴訟行為も効力を生じません。もっとも、手続の不安定をもたらすため、瑕疵ある送達であっても、責問権の喪失・放棄によって瑕疵が治癒されると考えられています。また、送達を受けるべき者が、任意に書類を受領した場合も、有効な送達とされる場合があります。

一方、原則どおり、瑕疵が治癒されず、送達が、違法・無効と判断される以下のようなケースもあります。

・資料収集が十分でないままおこなった付郵便送達が、違法、無効とされるケースがあります。
・補充送達受領能力を誤った場合には、有効な訴状送達がないとして、民事訴訟法338条1項3号の再審事由ありとして送達名宛人の救済が図られます。

体験談1

現地調査に苦戦

弁護士5年目　男性

隣人に話を聞こうとしても……

現地調査では、対象者のプライバシーに配慮しつつ、外部から居住実態を確認できる事情（調査対象場所のライフライン（電気・水道・ガス等）の稼働状況、郵便受けや新聞受けの状況、ベランダや庭から見える洗濯物の様子等）の確認のほか、近隣住民や対象者の関係者から、対象者に関する聞き取り調査を行うことが一般的だと思います。もっとも、この聞き取り調査が円滑にいかないことも多く、苦労する印象があります。

あるアパートの一室に現地調査に行ったときのことです。そのアパートは、特にオートロックなどはなく誰でも部屋の入口まで接近することが可能で、外部から対象場所の生活状況を一定程度を確認することができました。手入れがされた植木や、自転車が置いてある等、少なくとも居住者が存在する様子でした。もっとも、表札がなく、居住者と調査対象者との同一性が不明であったため、居住者の特徴と調査対象者の特徴が一致するか否かを確認するために、周辺住民に事情を聞くことにしました。

そこで、ちょうど対象者の居室の両隣の部屋から、それぞれ生活音がしていたため、住人に話を聞くために両隣の部屋のインターフォンを鳴らしました。しかし、土曜日の昼間にスーツで訪問したことが不審に思われたのか、居留守を使われてしまい、話を聞くことができませんでした（中から、「ママ、スーツを着た男の人だよ」との子どもの声が漏れていました……)。その結果、やむなく、ほかの居住者が通りかかるまで、約１時間ほど待機する羽目になりました。その後、運よく親切な上階の居住者から、話を聞くことができたため、事なきを得ました。

対策はなかなか難しいですが、相手が見ず知らずの一般の方であることを意識して、不審に思われないように工夫することが必要だと反省しました。

オートロックのマンション

また、よくある話ではありますが、オートロックなど、セキュリティの厳重なマンションの場合、郵便受け等の外観程度しか、外部から確認することができません。しかも、住民票から部屋番号が調査できず、郵便受けに名前の記載がないともなると、もはやマンションの関係者に話を聞く以外、ほかに方法がありません。

あるマンションでこのような事態になったとき、偶然通りかかった居住者の女性に話を聞くことができたことがあります。この時は、密行性が必要な事件の送達であったため、詳細な説明をすることができず、不審がられてしまいましたが、最終的に弁護士と名乗って名刺を渡したところ、「弁護士なら信用できる」と言って協力してくれました。この時は、弁護士の肩書が広く信用されていることにとても感謝しました。

ただし、オートロックのマンションで、一切情報が得られない場合であっても、その理由について、丁寧に申立書で説明すれば、最低限の調査結果でも裁判所書記官が納得してくれるケースが多いと思います。対象者のプライバシーへの配慮を要することを考慮すると、積極的に居住者に接触するかどうかはケースバイケースになると思います。

なお、マンション等の管理会社の方に話を聞くことについては、同社に期せずして個人情報を漏洩させるリスクがあるため、個人的には注意が必要ではないかと考えています。

現地調査で直接通知？

また、意思表示の公示送達の申立ての準備のために、ある家に現地調査に行ったときのことです。

調査対象者は、賃貸人に何らの通知もすることなく突然姿を消したアパートの賃借人でした。住民票から転居先の特定に成功し、賃貸借契約解除の意思表示をするために同住所に内容証明郵便を送りましたが「あて所に尋ねあたりません」として返送されてしまったため、やむなく現地調査を行うことになりました。

ところが、いざ現地調査に向かい対象場所にてインターフォンを鳴らしたところ、調査対象者らしき人物が応答したのです。急遽、その人物に事情を説明し、本人確認を行ったところ、その人物がまさに調査対象者本人であることがわかりました。後で郵便局に確認したところ、郵便受けや表札に氏名の表示がなく、かつ郵便受けに不在票を入れても対象者が郵便局に受け取りに来ない場合、郵便局としては、郵送先に対象者が居住していることが特定できないため、実際に当該住所に居住者が居住していたとしても、「あて所に尋ねあたりません」として返送されるとのことでした。

そこで、一度送付した内容証明郵便の写しをその場で本人に交付し、受領書に署名をもらって、本人に直接通知することにしました。

内容証明郵便の場合、郵便受けに不在票が入っていても、受取人が保管期間内に郵便局に郵便物を受け取りに行かないケースが一定数あると思います。たとえ事前に送付した内容証明郵便が「あて所に尋ねあたりません」として返送されても、現場に本人が居住している可能性もありますので、その場で柔軟な対応ができるように準備しておくとよいと思います。

体験談 2

悩ましい調査！
付郵便か、公示送達か、それとも……
送達完了まで

弁護士 13 年目　女性

訴状の送達ができない！
さてどうするか……

「訴状を２回特別送達したけど、いずれも保管期間経過で戻ってきました。次の送達どうしますか。居住調査してください」

訴状を裁判所に提出して、訴状審査も終了し、第１回口頭弁論期日が無事に決まって、ホッと一息ついたのも束の間、裁判所の担当書記官から、このような電話がくることがあります。

送達未了で裁判所に戻ってきたときの送達報告書の理由が、「保管期間経過」であっても、「あて所に尋ねあたらず」であっても、居住の有無の判断の一要素でしかなく、実際に送達先住所に居住しているかどうかは、調査の結果で、どっちに転んでもおかしくない、というのが経験上の感覚です。

ただ、「あて所に～」の場合に行った付郵便送達を違法無効とした高裁決定がありますので注意が必要です（詳しくは後述のワンポイントアドバイス参照）。

付郵便、それとも公示送達？

居住確認がとれれば付郵便による送達を試み（他の送達方法もあり得ます）、居住していないことが確認され、かつ居場所不明であれば公示送達の申立てをする、いずれの手続が適正なのかは後々に送達の効力に影響を及ぼす可能性があるため慎重にする必要がある選別であり、その判断をするうえで調査内容が非常に重要なものとなります。以下で、体験談を踏まえて、より正確な調査のために取り得る方法について紹介したいと思います。

ガスメーター動いているけど……誰が住んでるの？

新人２年目の頃、書記官から「あて所に尋ねあたらず」の理由での送達未了として、居住確認の調査を求められたものの、住民票を確認しても移動しておらず、現地調査をしたら郵便受けに郵便物はないもののガスメーターが動いていて、誰かが居住している気配はあるけれども、被告本人ないし同居家族の居住確認はとれない、ということがありました。

当時は経験も足りず、悩みに悩んで、どっちつかずの悩ましい調査報告書を裁判所に提出したことがありますが、裁判所も困ったのではないかと思われます。

その時に助け舟を出してくれたのは、裁判官でした。相被告のみ送達が完了していたため、相被告の弁論期日で、未送達の被告の送達見込みについて言及された際「ガス会社などインフラを取り扱う会社に契約者の調査嘱託しましょうか」と、思いがけない提案がありました。

裁判所は、弁護士から申出をしても「先に弁護士照会をしてほしい」

等と、スムーズに調査嘱託の採用に至らないことが多いといわれている中、裁判所の職権による調査嘱託の提案はありがたく、その結果を待つことになりました。

嘱託先のガス会社などからは、回答があり、結果としては、利用者・契約名義人は、被告とは全く別人物の契約であること、また収集した情報に照らすと、同居家族である蓋然性も低いことが判明したのです。

それらの調査結果にその余の調査結果を加えて、裁判所に公示送達の申立てをすることによって、送達完了となったことがありました。

この案件の事情としては、依頼者に裁判にかける資金的な余裕はなく、すでに調査に費用も支出していたため、1回約9,000円弱の23条照会をすることに躊躇していました。そのため、裁判所による調査嘱託は、23条照会よりも費用負担が少なく回答を得られるため、依頼者の経済的支出負担のためにも大変ありがたく、1つの方策としても勉強になりました。

裁判所・書記官に相談してみよう！

自分自身で調査をつくしても、判断に悩むとき、適度な範囲で裁判所や書記官に相談することで、的確な情報収集のためのアイデアが出てくることがあります。

1つの体験談としては、悩ましい案件で、執行官送達を活用することによって、本人に直接の送達を奏功させたこともありました。

この体験から得られた教訓は、「訴訟は、送達を完了しないと、なにも始まらない」ということです。

新人の頃に体験した、思いがけない落とし穴ではありましたが、裁判に関わる弁護士にとっては、実は重要かつ悩ましい手続です。ただ、方法を試行錯誤してみることで道筋は見えてくるものなので、模索をすることは大変重要です。

体験談３

送達は受けるタイミングにも要注意！

弁護士 12 年目　男性

判決書は早く送達を受けたい？

送達といえば、原告の代理人弁護士として、訴訟提起する際、被告に訴状が送達され、無事に訴訟係属の状態に至るかという点が重要な関心事になることが多いですが（特に付郵便送達や公示送達等の要件充足）本体験談では、判決文の送達を受ける場面について触れたいと思います。

私が弁護士登録２年目のときの案件です。

親族間における不当利得返還請求の案件で原告の代理人として、所長弁護士とともに訴訟追行をしてきましたが、第一審において、和解がまとまらず、結局、判決が下されることになりました。

通常であれば、判決が下されたら早めに具体的な内容を確認すべく、裁判所において送達を受けるか、事務所への郵送の方法ですぐに送達を受けることが多いといえるでしょう。早く結果や判決理由を確認したいのは、依頼者も代理人も同じ気持ちだと思います。

年末に判決が下される

この案件の問題は、判決が下された日が年の瀬も迫った年末ということになりました。

当時、私は、弁護士登録２年目で年末ギリギリまで事務所に出て業務を行っていたため、年内に判決正本の送達を郵便で受けることができるかもしれないという状況でした。他の弁護士や事務職員はすでに年末年始休暇に入っており、年末ギリギリまで業務を行う可能性があるのは、当時の事務所で私１人ということになります。

しかしながら、そのとき、ふと思ったのです。

それは、控訴期間についてです。控訴期間は、言わずもがな、判決書の送達を受けた日から２週間以内に行う必要があります（民事訴訟法285条）。

そしてこの案件は、尋問の状況や裁判官の反応から、こちらにとって、有利な判決が下される可能性が低く、控訴を検討することになる可能性が高い案件でした。

年末の事務所への出勤を中止

年末に送達を受けてしまうと、その日の翌日から控訴期間が進行することになってしまいます。

不服がある場合、年明け早々に控訴を提起する必要があり、検討や依頼者との打合せに十分な時間がとれなくなる可能性がありました。また偶々その年は、暦の関係で年末年始休暇の期間が長い年でした。

私は年内に送達を受けることを回避すべく、事務所に行かないことにしました。

年明けに不在連絡票が……

年明けに出勤したところ、事務所の郵便受けには、判決書の送達に関する不在連絡票が入っていました。日付は12月29日頃であったと記憶しています。

もし私が事務所に出勤していて、判決書を受領していれば、長期の年末年始休暇の期間の経過により、あやうく控訴に向けた打合せや検討、委任状等必要書類の準備のための時間確保に支障が出るところでした。

当然のことではありますが、送達については、不服申立の起算点となっていることから、どのようなタイミングで送達を受けるかは、ときに重要です。このケースでは、年明けに送達を受けたことで、時間的な余裕をもって依頼者と打合せのうえ、控訴をすることができました。送達を年始の業務開始時に遅らせることができ、ホッとしたことを記憶しています。

送達を受けるタイミングを常にコントロールすることができるわけではありません。しかし送達後の対応やスケジュール感も想定したうえで送達を受けることは、重要だと思います。

ワンポイントアドバイス

訴状送達までの流れ

念のため、訴状不送達の場合の典型的な運用をおさらいしておきましょう。

①　通常の送達（被告の住所地等）で不送達

②　不送達の理由が留置期間満了の場合（不在・受領しない）

　ア　就業場所が判明　→就業場所に送達

　イ　就業場所が不明だが、住所地での居住が確認　→付郵便送達

　ウ　就業場所が不明で、住所地での居住も確認できず　→公示送達

③　不送達の理由が転居先不明の場合（「あて所に尋ねあたらず」など）

　ア　就業場所が判明　→就業場所に送達

　イ　就業場所が不明だが、転居先が判明　→転居先に送達

　ウ　就業場所・転居先のいずれも不明　→公示送達

なお、「あて所に尋ねあたらず」（＝郵便送達実施機関が居住していないと判断）との理由で訴状が不送達となった場合においてなされた、付郵便送達の効力について、これを違法無効とした決定（東京高決平成

30年12月27日判時2452号5頁）がありますので注意が必要です。その理由は、付郵便送達（民事訴訟法107条1項）には、その要件として「前条の規定により送達をすることができない場合」すなわち、補充送達・差置送達（同法106条1項、3項）をすることができなかった場合であることが必要であるところ、郵便送達実施機関が当該あて所が基本的送達場所であることを認識していなければ補充送達・差置送達を試みる余地はないから、郵便送達実施機関が（「あて所に尋ねあたらず」と判断し）当該あて所が基本的送達場所であることを認識していなかった本件では、補充送達・差置送達を試みたということはできず、付郵便送達の要件を満たさない、とするものです。

「あて所に尋ねあたらず」との理由で不送達となったケースでも、現地調査の結果、居住が確認されてしまった場合、付郵便送達が行われているケースもあるようですが（多くの場合、その後不問とされている？）、上記の決定を踏まえると、このようなケースでは、裁判所書記官と相談し、補充送達・差置送達・付郵便送達のいずれによるか、再度検討する対応が丁寧かと思います。

Method

05 特殊な送達

▸ メールなら一瞬でも、送達には時間がかかります

――送達は裁判所の訴訟行為のため、当事者の立場で気を遣うことは少ない。逆にいうと、送達のことを考える必要が生じたときには、思わぬ問題に悩まされるかもしれない。

送達は手続開始の第一歩

送達とは、当事者その他の訴訟関係人に対して、訴訟上の書類の内容を了承させるために、法定の方式に従って書類を交付し、又は交付を受ける機会を与える裁判所の訴訟行為をいいます。

法により送達が要求される書類はさまざまあります。訴状（民事訴訟法138条1項）、控訴状（同法289条1項）等は送達がなされることにより訴訟が係属することとなりますし、判決書（同法255条1項）は、当事者が送達を受けた時から上訴の不変期間が開始します。強制執行の場面では、債務名義の送達証明書を執行裁判所に提出する必要があり（民事執行法29条）、債権差押えの効力は差押命令書が第三債務者に送達された時に生じます（同法145条5項）。

送達に類似する概念として、通知、公告、送付、及び直送があります。

家事審判事件や家事調停事件では、申立書の写しは相手方に送付されることとされています（家事事件手続法67条、256条）。

当事者の行う送達事務

送達行為の主体は裁判所であり、送達の事務は、裁判所書記官が取り扱います（民事訴訟法98条2項）。

送達の方法は、交付送達の方法（同法101条）が原則です。典型的な交付送達は、名宛人の住所、居所、営業所等において送達が行われるものですが、ほかに、就業場所における送達（同法103条2項）、出会送達（同法105条）、裁判所書記官送達・簡易送達（同法100条）、補充送達（同法106条）、及び差置送達（同法106条3項）といった類型に分かれます。実務上、相手方の職場は把握しているが住所は知らないという場合などに就業場所における送達を試みることとなりますが、その際には個人情報保護やプライバシー保護の観点から慎重な検討を要します。訴え変更の申立書の副本などを期日の場で受領することもあります（裁判所書記官送達、同法100条）。

付郵便送達（同法107条）は、基本的に交付送達ができなかった場合の補充的な送達方法です。裁判所では、まず平日、次に夜間・休日に交付送達を試みるようです。それでも送達不能であるときは、裁判所書記官が訴訟代理人宛に電話をし、住所地等の居住実態調査と報告を求めます。調査会社等に調査を外注することも可能ですが当然費用がかかります。依頼者の負担を考慮し、自分で調査に赴いたことのある弁護士も多いことでしょう。まずチャイムを押して反応を見てみますが、送達ができていない状況なので応答がないケースが普通です。ドアやポストの郵便物の有無、ベランダ等の洗濯物の有無、水道・電気・ガスのメーターの動作状況等を撮影したり、近隣の方に事情を聞いたり、アパート・マンション管理会社に電話調査をしたりしますが、入口がオートロックのマンションでは中に入ること自体が難しいこともあります。個人情報保護が重視される昨今は事情を聞き出すことに難儀することも多いでしょう。「裁判所から調査するように指示されておりまして……」といった枕詞をつけると回答してくれる人も多かったりするのが実感です。

調査の結果、居住実態が確認されれば、付郵便送達の上申書を裁判所に提出します。付郵便送達を行うか否かは、最終的には裁判所書記官の判断に委ねられることになりますので、報告書には居住実態があることをわかりやすく記述するべきです。

以上の各方法のいずれも送達が不可能であるときは公示送達の方法によるほかありません（同法110条以下）。公示送達は、原則として当事者の申立てに基づき裁判所書記官によって行われます。

外国送達は至難の業

送達の名宛人が外国に居住する場合や、外国法人を相手方に訴訟を提起するときは、外国に訴状等を送達する必要があります。

ところが、外国送達が可能であるかどうかは当該外国の条約加入の有無等に左右されます。被告の外国住所の調査、被告外国法人の資格証明書の取得にも難儀することもあります。外国送達では、訴状等に当該国の公用語での翻訳を付す必要もあり、その手間や費用は、国内の者を相手方とする手続の比ではありません。

外国送達の場合、その確認にも時間を要します。訴訟を提起してから、1年後以降に第1回期日が指定されるということもよくあるようです。

体験談 1

外国に訴状を送ってみる

弁護士 10 年目　男性

はじめての外国送達

依頼者が外国の会社との紛争に巻き込まれ、その会社に対して訴訟提起を考えているという事案がありました。

外国の会社に訴訟提起をするなど初めての経験です。そもそも私自身、海外旅行も片手で数えられる程度しか行ったことがありません。まずは、手元の書籍に外国送達についての記載があるのかを確認するところから準備を始めました。

どこに具体的な手続の情報があるのか？

手元の書籍では、外国送達は裁判権（主権）の行使の一環であることから条約等が締結されている必要があること、外国送達の種類程度しか記載がなく、具体的に、どの国が、どのような条約に加入しているかもわかりませんでした。

さらに調査の範囲を広げましたが、意外なことに、公的な機関のホームページでも具体的な条約加入状況までは特定できませんでした。最高裁判所民事局監修『民事事件に関する国際司法共助手続マニュアル』法曹会（1999 年）が公刊されていましたが、若干古い感は否めません。同書籍についてはWeb 版が存在するとの情報もありましたが、裁判所内部でのみ確認できるWeb サイトのようでした。

途方に暮れていたとき、情報公開請求の素晴らしさを知りました。某弁護士が積極的に開示請求を行って、その結果をブログにまとめていました。そのブログには、開示文書として、最高裁判所民事局作成の文書として前掲『民事事件に関する国際司法共助手続マニュアル』が掲載されていました。そのマニュアルは、直近までの改訂状況が明示されており、条約の締結国の一覧、具体的な手続の内容等が記載されていました。

もちろん、インターネット上の情報であるため、信頼を置いてよい文書かは注意をする必要はありましたが、当該文書を参考にしつつ、その他各種資料を踏まえて検討した結果、相手方の国を通じて送達ができそうであること等を確認することができました。

資格証明書を取得したいが……

上記のように、そもそも送達ができる国の相手方かという点からつまずいていたのですが、ほかにも思わぬところでつまずきがありました。

日本国内の会社を相手に訴訟提起をするときには、法務局から登記事項証明書を取得すれば資格証明書としては十分であることが多く、資格証明書の取得で難儀することは少ないと思います。

しかし、国が変われば登録されている内容も違うもので、公的機関の会社登録において、役員情報は一切開示されていない国も存在するようでした。本件でも、被告の居住国の公開情報だけでは足りなかったため、公開情報とあわせ、当該国の弁護士からのメール等を翻訳し、資格証明に代えてほしい旨の上申書を作成して対応をすることになりました。

訴状と証拠の分量に注意！

日頃、国内での訴訟を行う場合、訴状には、要件事実のみならず、重要な間接事実及び訴訟に至った経緯等の記載をし、必要に応じて主張の根拠となる判例や文献を引用して、対応をする証拠も添付している弁護士が多いと思います。
私も通常そのような訴状を作成していますが、本件では特に外国での紛争が絡んでいることから、詳細な記載を心がけて作成していました。
しかし、外国に送達をする場合、当該国の公用語での翻訳を訴状及び証拠に添付することが必要です。仮に、その国の公用語が特殊な言語で、日本語から直接翻訳できない言語の場合は、さらに手間が増えることになります。
訴状である以上、必要十分な記載がされることが大前提ではありますが、訴訟提起後に、日本の弁護士が相手方代理人に就任する可能性がある場合は、分量を絞る方が合理的かもしれません。

コロナの影響

前掲『民事事件に関する国際司法共助手続マニュアル』には、外国送達について、国ごとの期間の目安記載もあります。しかし、コロナの影響によって期間が延びている場所もあるようです。書記官から、「現在、航空便がなく、船便になる可能性もあることから、送達に１年半以上かかる可能性がある」という話を聞いたときは、衝撃を受けました。
また、外国送達をするには、送達先の国によりますが、数万円程度の費用を予納する必要があります。これも依頼者の負担になるので注意が必要です。

会社の住所にも注意

本件もそうでしたが、外国の会社には、本店所在地が「私書箱」となっているものがありました。しかしながら、送達は受け取る人がいることが前提となるため、私書箱では送達ができないのです。送達先を求めてさらに調査が必要になったことは言うまでもありません。

外国に訴状を送達するのは、想像以上に難しい

日本国内でも送達をするのに難儀する事案はたくさんありますが、外国送達は、要する時間、翻訳や送達の費用など依頼者に大きな負担がかかります。外国に訴状を送達するのは、想像以上に難しく、外国の方とメールやチャットで簡単に連絡がとれる現代だからこそ、ハードルの高さに驚きがありますし、注意が必要かもしれません。

体験談 2

資源は大切に～被告多数の公示送達～

弁護士３年目　男性

先に結論を言うと

この体験談の結論は、公示送達の場合、副本の部数は、事前に裁判所に確認した方がよいということに尽きます。ただ、それだけだと寂しいことになるので、事案の概要も含めて、少しばかり体験談をお話しします。

建物の区分所有は、
コンクリート造りのマンションとは限らない

皆さんは、建物の区分所有等に関する法律における「一棟の建物」や「専有部分」と聞いて、どのようなイメージを持つでしょうか。

私のイメージは、コンクリート造りのマンションです。ところが、今

回の体験談で登場する建物は、戦前に建てられた木造２階建ての物件でした。確かに、構造上、各部屋が分かれており、独立して住居ができる形にはなっていたので、「一棟の建物」に「専有部分」が設定できるものでした。ただ、現在は誰も住んでいない廃屋状態になっていました。

専有部分の所有者の行方を探せ

この建物の各専有部分は各区分所有者のものであり、他方、建物が所在している土地は、依頼者の所有となっていました。戦前に、建物を建てた人が、依頼者の先代から土地を借りていたそうです。その後、この建物には、誰も住まなくなり、長年、地代が支払われていませんでした。

依頼者は、廃屋状態の建物が倒壊する危険があることからなんとか建物を取り壊せないかと考えていました。もちろん、その時点の権利関係からすれば、他人の建物であり、勝手に取り壊しはできません。そのため、建物の区分所有等に関する法律10条に基づいて売渡請求を行い、専有部分の権利を全て取得したうえで建物の取り壊しをすることになりました。

売渡請求をするには、各区分所有者に意思表示をする必要がありましたが、約40名もの区分所有者の行方がわかりませんでした。手を尽くして行方を調査する過程で、本人や相続人に連絡がつくケースもありましたが、結果的に30名ほど「居所、その他送達をするべき場所」がわかりませんでした。

訴訟提起の準備をする

連絡がつかない相手に対して、売渡請求の意思表示をするには、公示送達をする以外の手段がありませんでした。また依頼者単独での登記手続をするためには判決が必要でした。そのため、訴状に、売渡請求の意思表示をする旨を記載し、所有権移転登記等請求訴訟を提起することにして、あわせて公示送達の上申をすることにしました。

民事訴訟法111条には「公示送達は、裁判所書記官が送達すべき書類を保管し」と定められているため、訴状の内容は同一でしたが、当方は約30名分の副本を準備しました。なお、準備したのは私ではありません。事務局にしてもらいました。感謝しています。

いざ裁判所へ

約30名分の正本、副本を携えて、訴訟提起のために裁判所に行くことになりました。なお、裁判所に向かったのは私ではありません。事務局に行ってもらいました。大変、感謝しています。

事務局が、裁判所から戻ってきました。私が、お礼を言おうとしたところ、事務局から冷たい一言がありました。

事務局：「先生、公示送達見込みの場合、副本は1通で十分とのことでした。この副本、どうしますか」

私：「えっ……（何か後ろに青い炎とか見えるんですけど……）すみません。お疲れ様でした。後は、私の方で対応します」

本当に、感謝しています。

そして、現在

無事に判決を得ることができました。

なお、副本はまだ、私の後ろのロッカーに眠っています。次に公示送達の案件を扱うときには、事前に裁判所に必要な副本の数を確認しようと思っています。

体験談３

調停時の債務名義の送達ができていない!?

弁護士５年目　男性

婚姻費用を被保全債権とする強制執行の依頼

ある日、長年夫と別居をしているものの、婚姻費用を支払ってもらっていない、やはり今般離婚したいという相談を受けました。聞けば7、8年前に手続代理人を付けずにご自身で夫婦関係調整（離婚）調停と婚姻費用分担請求調停を行い、婚姻費用については調停成立した債務名義があるということでした（夫婦関係調整調停はしばらくの間別居するという内容で成立していました）。相手方の勤務先もわかっていたので、再度夫婦関係調整調停ないし訴訟をしつつ、並行して執行もしましょうかという話になり、債務名義を後日郵送してもらうことにしました。

調停調書は正本ではなく謄本だった！

後日相談者に送付してもらった調停調書を確認したところ、なんと正本ではなく謄本でした。

各地で多少運用は異なるようですが、家庭裁判所は任意の履行を前提とし、積極的に送達の案内をしないことが多いように思います。われわれ弁護士が送達申請をするときですら「実際に執行するときでもよいのでは」と言われることがあります（いったん事務所に戻った後に申請し、書記官が謄本交付の準備に入っていた場合には特に言われがちです）。その結果、特に代理人が付いていない事案では当事者が謄本のみ受領して、正本送達がされていない案件が多く存在します。

あらためて送達する不自然さ

強制執行をするのであれば正本を相手方に送達しなければなりません。しかし7、8年前の調停調書を送達するのはいかにも不自然ですし、「これから強制執行しますよ」と言っているようなものです。

非常に悩みましたが、この事案では、夫婦関係調整調停を再度行うことにしたため、事前に裁判所に相談し、調停期日の際に書記官に手交してもらうことにしました。離婚条件の話合いにおいても金銭的な調整ができる案件だったのでまだよかったのですが、離婚成立後の養育費を被保全債権とする執行であれば途方に暮れていたと思います。

受任時の注意点

自分が調停の手続代理人となったときに送達申請を怠らないようにすることは大前提です。執行段階で送達しようとしても、居場所がわからなくなる可能性がありますし、随分昔の調停調書が届くのは不自然ですから、資産隠しの契機になってしまいかねません。

また、執行事件を受任する際には、債務名義の送達がされているかを事前に確認し、送達がされていない場合には依頼者によく説明をしておかなければなりません。一般の方は調停開始時に、「調停調書には判決と同じ効力があります」という調停委員からの説明を受けていることが多く、執行にハードルがあるとは夢にも思っていないからです。

この一件を通して、これらの教訓を身に染みて実感しました。

体験談4

送達拒否できますか？

弁護士12年目　男性

送達ができない

ある金銭請求事件において、私は請求側の代理人として、相手方代理人弁護士との交渉を進めていました。何度か代理人間で書面のやり取りをしましたが、双方の事実認識の齟齬が大きく、話合いでの解決は困難でした。依頼者に交渉の状況と、法的手続としては訴訟提起しかないことを伝えましたが、依頼者は「訴訟」「裁判所」といった言葉に躊躇を覚えたようでなかなか意向が定まりませんでした。

そのまま約1年半が経過し、依頼者から、やはり訴訟提起をしたいとの連絡を受けました。訴訟提起にあたって相手方の住民票を取り寄せましたが、記載されている住所は交渉時のものと同一で、転居はしていないように見受けられました。そこで当該住所を送達先として記載し、訴訟提起を行いました。

ところが、しばらくして担当書記官から連絡があり、訴状の送達ができなかったことを告げられました。

もう外国に引っ越しをしています

事前に住民票の記載は確認しているため、転居しているとすれば独自にこれ以上の確認をすることは困難です。とりあえず、交渉時に相手方の代理人であった弁護士に連絡をして尋ねてみることにしました。

「例の件で訴訟を提起したのですが、従前の住所には訴状の送達ができなかったと裁判所から連絡がありました。先生は転居先をご存知でしょうか。教えていただけるとありがたいのですが。あるいは、先生の事務所を送達先にすることはできないでしょうか」

何度かやり取りをした結果、当該弁護士から得られた情報は、なんと相手方は外国に転居したということでした。しかしながら、居住国を教えてもらうことはできませんでした。当該弁護士からは「私の受任範囲は交渉までしたし、応訴につき弁護士に委任するかどうかは依頼者本人が送達された訴状をみて判断するので、いったん外国に住む依頼者宛に送達していただくほかありません」と言われましたが、そもそもどこに居住しているかわからないので送達のしようがありません。

依頼者にも情報を共有しましたが、やはり依頼者も、転居先については見当もつかないということでした。やむを得ないので、最終的には公示送達を行うことを前提に、できる調査を尽くすしかないということになりました。

住所の開示、しかし逆に公示送達ができない……

しばらくして、書記官から連絡がありました。交渉時の代理人弁護士を通して、被告住所の連絡があったということでした。訴訟委任状の提出はされておらず、同弁護士は、住所の連絡だけを依頼されたと述べたそうです。これでやっと送達ができると、私はほっと胸を撫で下ろしました。外国送達は初めてなので早速方法を確認してみよう、と思っていたのですが、書記官の声の調子は芳しくありません。曰く、外国送達となるとかなりの手間と時間がかかるということでした。最終的に届くかどうかもわからないうえに翻訳も必要ということで、費用も相当額にのぼります。住所が明確にわかっている以上、公示送達もできません。むしろ、相手方は公示送達を避けるために住所を連絡してきたのでしょう。1つの戦略とはいえ、「やられた」と思わずにはいられませんでした。

なお、後日確認したところ、相手方本人の居住している国は、日本の判決で強制執行ができない国でした。

後日談

判決を取得した場合の回収可能性を伝えた結果、依頼者も訴訟へのモチベーションが著しく低下していたある日、相手方弁護士から「訴訟手続も受任して事務所で送達を受けることを検討したい」と訴状一式の事実上の送付を求める電話がありました。私はげんなりしながら、「まだ訴訟代理人でなく、被告の住所を連絡するだけの権限しかないということであれば訴状等を送付することはできません」と回答しました。

所感と検討：控訴事件でも同様

この事件を通じて、送達という訴訟のスタート段階で大きなハードルがある場合があることを痛感しました。

上述の事件は第一審でしたが、控訴審でも同様の問題は生じ得るように思います。控訴審では、裁判所から第一審の訴訟代理人に対して、控訴審も引き続き受任予定かどうか確認を行い、引き続き受任する場合は代理人事務所宛に控訴状を送達することが一般的ですが、勝訴した側の代理人が控訴審を受任しなければ、当然ながら控訴状は被控訴人本人宛に送達しなければなりません。

ここで、原審勝訴した当事者に控訴状の送達を受けるインセンティブはあるでしょうか。給付訴訟であれば、判決確定時期を早めるために控訴審を進めるメリットがありそうですが、例えば債務不存在確認訴訟であれば、勝訴した側の代理人が控訴審を受任しない方針をとることも考えられるように思います。

書記官も私も困り果てた事件でしたが、このような方法もあるのだという勉強にはなりました。

ワンポイントアドバイス

「相当と認める方法」による送達、民事裁判のIT化

本Methodで取り上げた体験談のうち、外国送達は国によっても実際の手続が異なってくるため、苦労の多い場面だと思います。相応のコストが生じるため、送達以前に、国際裁判管轄があるか、準拠法はどうなるか、日本の裁判所で判決を取得した場合に執行可能かの見通しを持つことを忘れてはなりません。

翻訳の費用や手間を削減するため、主張書面や証拠の内容を絞ることも必要になってきます。近年は翻訳AIサービスの発展が目覚ましく、AIを利用することでコストを下げることも考えられるでしょう。一方、日本においてもサービス展開している外国企業の場合、訴訟対応が必要となった場合には日本の法律事務所に委託していることも多くあります。この場合、送達は必要であるものの、実際に手続追行する代理人は日本人であることから、訴訟提起時の提出書類は最小限に絞って、日本の弁護士が代理人に就任した後に主張や証拠を補充することもあり得ます。

また、送達の方法について、手続によっては特則が定められていることがあります。保全手続では期日の呼出しを「相当と認める方法」により行うことができるため（民事保全規則3条1項）、領事館や中央当局・指定当局を通さずに、直接EMS等での送付が可能です。

令和4年5月25日公布の改正民事訴訟法（公布の日から起算して4年を超えない範囲内において政令で定める日から施行）では、メールアドレスを利用したシステム送達を行うための規定が整備されました。インターネットを利用した送達手続（改正民事訴訟法94条）については、国際送達を行う場合、外国における国家管轄権の行使にあたるとする考え方と、あたらないとする考え方の双方があり、IT化により即時にインターネットを利用した外国送達が出来る状況にはないようですが、引

き続き検討が進められています。令和３年４月には「IT 化に伴う国際送達及び国際証拠調べ検討会に関する取りまとめ」が法務省により公表されています。仮にインターネットでの送達が可能となれば、国際送達に要する時間が一気に短縮されます。今後の動向を注視する必要がありそうです。

Method

06 訴訟上の争点整理

▸ その主張、必要ですか？

――民事訴訟において、争点整理手続は、訴訟の結果を左右する重要な手続である。争点整理手続においては、主張及び証拠の提出はもちろんのこと、期日の席上での対応など、訴訟の結果を見据えた活動をすることが重要になる。

争点整理手続の概要

訴訟提起をした場合、訴状が送達され、これに対する答弁書が提出され、第１回口頭弁論期日が実施され、その後、争点整理手続が行われるという流れになるのが一般的です。

民事訴訟法上、争点及び証拠の整理手続として、準備的口頭弁論（民事訴訟法 164 条以下）、弁論準備手続（同法 168 条以下）、書面による準備手続（同法 175 条以下）の３種類が定められていますが、基本的には、弁論準備手続となることが多いと思われます。

争点整理手続においては、当事者が準備書面を提出して、相手方の主張に対する認否、抗弁を重ねていくことで、争いのない事実と争いのある事実を明確にしていき、争点を絞りこんでいくことになります。

争点整理手続の重要性

争点整理手続において、相手方の主張を認めれば、争いのない事実として争点とはならず、証拠調べの対象から外されるため、認否は慎重に行う必要があります。

また、争点整理手続では、通常、複数回準備書面のやり取りをして争点を絞り込んでいくため、時間がかかることが多いです。手続を早期に進めるためにも、主張を整理した書面の作成を心がけ、争点整理の過程で、不要と思われる主張があれば撤回するということも考えられます。

争点整理手続により争点が絞り込まれた後は、人証を中心とした証拠調べが実施されることになりますが、実際のところ、証拠調べの前の段階で、裁判官は、一定の心証を形成していることが多いと思われます。したがって、当事者は、争点整理手続においては、裁判官に、自らに有利な心証を形成させるべく、主張及び証拠の提出を尽くす必要があります。

なお、争点整理手続の終盤などにおいて、裁判所から、一定の心証開示や、それを前提とした和解の提案をされることなどがあります。この点、争点整理段階での裁判所の心証はあくまでも仮であることに留意してください。

また、争点整理手続は、基本的には書面の提出をすることで進められますが、提出された書面を前提に、期日の席上で、ざっくばらんな議論をすることも多いです。準備書面や書証を提出していても、裁判所が誤解していたり、十分に理解されていないと思われたりすることもあるため、気づいた段階で速やかに訂正を試みる、口頭で補足説明を行うなど、書面のみならず、期日の席上での対応も重要となります。

争点整理案の活用

争点整理手続では、準備書面のやり取りと書証の提出が主となりますが、専門性が高い訴訟、争点が多数となる訴訟、事案や争点が複雑な訴訟などについては、いわゆる「争点整理案」が活用されることもあります。名称や形式が決まっているわけではなく、裁判所が個別の事案を見て、作成の必要性を判断することになりますが、医療訴訟や建築訴訟などで作成されることが多いと思われます。

争点整理案については、裁判所が主導で作成することもあれば当事者に作成を要請する場合もあり、その作成方法もさまざまです。

争点整理手続は、訴訟手続の中でも時間がかかる手続であり、ときには数年かかる場合もありますが、争点整理案の活用により、早期に争点が明確化し、速やかな解決が可能となるケースもあります。

体験談 1

医療訴訟における争点整理案の作成

弁護士7年目　男性

争点の複雑化

医療事故により亡くなった患者の遺族の依頼を受けて、医療機関に対して損害賠償請求の訴訟を提起したことがありました。

こちらは複数（最終的には5つ）の診療行為についての注意義務違反及び説明義務違反を主張しており、争点も複雑化していたため、被告代理人から裁判所に対して争点整理案を作成してほしい旨の要望が出されました。

裁判官からは、原告被告にExcelで過失の項目について整理してもらいたい旨の話がありましたが、被告代理人から原告被告でやると却って時間がかかるのではないかとの指摘がなされたため、裁判官において争点整理案を作成することになりました。

1年近くかかって完成

裁判所において作成された争点整理案は、判決の前半部分（第3「当裁判所の判断」の前の第1「請求」と第2「事案の概要」）とほぼ同じでした。

裁判所から争点整理案が出されたことから、原告代理人及び被告代理人はこれらについて意見を述べました。特に原告被告双方の代理人から意見が集中したのは、「争点及び争点についての当事者の主張」の原告の主張及び被告の主張でした。

こちらとしては重要だと考えていた主張が記載されていなかった部分については、争点整理案についての意見を述べる書面を提出するなどして、具体的にこのように修正してもらいたいといった形でこちらの意見を明らかにするようにしました。被告代理人も自らの主張が反映されていないと考えている部分があるとして、準備書面あるいは口頭でその部分の修正を求めていました。双方代理人とも、かなり率直に意見を述べていたという印象があります。

結局、争点整理案は三度の改訂を経て1年近くかかって完成しました（こちらがその間に協力医の意見書を提出して新たに主張を追加したため、時間がかかったという事情もありました）。裁判所にはできる限り原告被告双方の代理人から出た意見を反映するよう努めていただいたと感じています。

争点整理案作成の利点

この事案は争点整理案の完成までに1年近くかかり、裁判官にも大変苦労をおかけすることになりました。ただ裁判官が原告被告の主張をどのように理解し捉えているのかが明確化されるとともに、双方代理人が裁判官にうまく主張が伝わっていない部分については再度補充して主張を行う機会にもなり、その意味でも非常に有意義であったと思われます。

今後は Microsoft Teams のファイル共有機能を活用するなどした争点整理案の作成も増えてくるのではないかと思われますが、IT を活用することでより効率的に争点整理案を作成することもできるかもしれません。

体験談 2

解決までどれくらい？

弁護士 10 年目　女性

建築訴訟

建築訴訟の被告側の代理人になったときの話です。

被告が、原告の敷地の隣地に建物を建てたところ、原告側に日照被害、地盤沈下等様々な不具合が発生したとのことで、訴訟提起をされたという事案でした。この件は、すでに訴訟提起前から、それぞれに代理人が就き、交渉を重ねていたので、訴訟提起の段階で工事から相当程度の時間が経過していたものでした。

しかも、被告側は、交渉段階から、一部過失を認めており、その対処のために原告敷地に入る必要がありましたが、原告の承諾が得られず、その点については長期間放置されている状況が続いていました。

争点整理に１年以上

原告は、今回の工事にあたっての被告側の対応の問題点などから始まり、工事により原告に様々な不具合が発生したことなどを網羅的に主張していました。

その中には、必ずしも、被告側に違法行為があるとまではいえないと思われるものや、証拠が不十分と思われるものもありました。原告代理人としても、特に重要視していたのは、その中の1、2点程度であったようでしたが、原告本人の被告側に対する不信感が大きかったこともあるのか、原告の主張する不備、不具合は多岐にわたるものでした。

裁判所は、原告の主張が多岐にわたっていたため、まずは、原告に対し、主張・整理と証拠の提出を指示しました。そして、次の期日の席上で、争点を洗い出して両当事者に確認し、原告側に主張の補充を指示したり、被告側に認否反論を指示するなどをし、争点整理は裁判所が主導で行われることとなりました。

最終的に、争点はほぼ1点に絞られることとなりましたが、それは、原告代理人が当初から重要視していた点であり、かつ、被告側も当初から過失を認めていたものでした。

結局、争点整理だけで１年以上を要することとなりました。

調停からの和解

その後、裁判所から和解の提案がありましたが、折り合わなかったため、調停手続に付されることとなりました。

調停手続では、現地調査を行うことになり、その調査を前提に裁判所から和解の提案があるなどして、さらに期日を重ねることになりました。

訴訟提起から数年が経過し、ようやく和解が成立しました。被告は原告の承諾を得て、原告の敷地内に立ち入り、作業を完了して、事件は終了しました。

工事を開始した頃からは、実に４年以上が経過していました。

解決までの時間

一般的な訴訟においても、争点整理には時間がかかることが多いですが、特に、建築訴訟は、争点が多岐にわたることが多いため、争点整理に時間がかかります。

また、手続としても、調停に付されたり、現地調査を行ったり、鑑定を行ったりということなども多く、解決までにそれなりの時間がかかるケースが多いと思います。

もちろん、瑕疵等が多い場合や依頼者の意向などがある場合はやむを得えないかもしれませんが、瑕疵とまではいえないあらゆる不具合や、違法行為とまではいえない事情などまで主張すると、必要以上に解決までの時間がかかってしまいかねません。

依頼者には解決までの見通しも含めて説明したうえで、主張内容について理解をしていただくとともに、代理人としては、できる限り、争点を整理したうえで訴訟手続に臨む必要があると感じた一件でした。

体験談 3

裁判所の言動を裏読みしすぎて勝手に混乱

弁護士５年目　男性

争点整理の過程での裁判所の言動について

争点整理の手法については、各裁判所によって多種多様ですが、積極的に争点整理を実施する裁判所の場合、要件事実に沿って絞られた各争点ごとに、「○○について主張の予定はあるか」「○○について、○○のような証拠はないのか」など、具体的な指摘がされながら、進行していくことが一般的です。

このような発言は裁判所の心証をうかがい知る有用な観点になるため、裁判所の言動を注意深く検討し、主張・立証活動の参考にすることが重要だと思います。

しかし、こうした裁判所の言動の一言一句を裏読みをしすぎたり、要件事実や争点整理の一般論に固執しすぎるあまり、混乱してしまった失敗経験があります。

予想外の認定

ある訴訟で、相手方が立証責任を負う主要事実であるにもかかわらず、相手方から当該事実にかかる証拠が全く示されなかったことがありました。立証責任の観点から、当該事実についての認定はされないものと考え、最低限の反論にとどめたところ、裁判所も、その後の争点整理手続において双方に対する積極的な求釈明をすることなく、争点整理手続を終えました。ところが、予想に反し、判決において当該事実が弁論の全趣旨を理由に簡単に認定されてしまいました。

結局、結論には特段の影響はない部分ではありましたので、問題は生じず事なきを得ましたが、どんな主張に対しても、予断を許さずに、メリハリをつけながら、しっかりと反論することが重要であると反省しています。

主張自体失当のはずが……

ある訴訟（被告側）では、相手方から、主張自体失当と思われる主張が再抗弁としてなされました。これに対し当方が、失当である旨の反論をしたところ、相手方としても、苦しい主張であることは認識したうえでのやむを得ない主張だったようであり、それ以上の再反論はなされませんでした。

ところが、争点整理も終盤に差し掛かったころに、突然裁判所から、当方に対し、相手方の主張する当該再抗弁事由に対する再々抗弁事由について、より詳細な主張をする可能性はあるかとの求釈明がなされました。当該再抗弁事由について失当であると認識していた私は、裁判官の発言に疑心暗鬼になり、慌てて再々抗弁事由について、念のために主張を追加することにしました。

しかし結局、判決においては、想定どおり相手方の当該主張は主張自体失当と認定され、私が追加した再々抗弁事由について触れられることはありませんでした。

後から考えれば当然の話で、裁判所もあくまで主張整理、争点整理の段階で心証が定まっておらず、できる限り当事者から主張を引き出そうとしていただけのことなのですが、当時の私は恥ずかしいことに、争点整理終盤で相当程度心証形成されているはずだと思い込んで、勝手に混乱してしまっていました。

あくまで心証形成過程

また別の離婚訴訟において、財産分与額の算定にあたり、被告名義の非公開会社株式の評価の考え方をめぐって争いになったことがありました。非公開株式の評価については、性質上、一義的に定まるものではありませんが、この件で裁判所が、ある期日では原告の主張に近い発言をし、また別の期日では被告の主張に近い発言をしたため、裁判所の言動に右往左往してしまったことがあります。

これも当然で、あくまで心証形成過程だったというだけの話ですが、裁判所の一言ひとことに勝手に意味付けをし、一喜一憂してしまっていました。

裁判所の言動に一喜一憂せず、冷静に

いずれも当たり前のことに気づかなかった恥ずかしい失敗ではありますが、期日での裁判所の言動に一喜一憂したり、頭でっかちに要件事実ばかりを考えず、常に冷静かつ柔軟な対応ができるように心がけるべきだったと反省しています。

体験談 4

争点整理案を活用した争点整理

弁護士７年目　男性

争点整理案の作成

専門性の高い事件や、事案や予想される争点が複雑な事件などにおいては、期日間において争点整理案（裁判官によって、争点整理表、主張整理案、事実整理案など呼称はさまざまあるようですが、以下では、これらを同義のものとして「争点整理案」といいます）が作成されることがあります。

争点整理案は、裁判官が作成するケースもあれば、裁判官の要請により当事者が作成するケースもあります。これまでの私の経験では、裁判で争点整理案が作成された事件は５件と少ないですが、その内訳は、後述するシステム開発訴訟（請負代金等請求事件）が１件、会社非訟事件（株式買取請求等の株式関係）が２件、地代増額請求事件が１件、使用者責任による損害賠償請求事件が１件、このうち裁判官が争点整理案を作成したのはシステム開発訴訟の１件のみで、残り４件については、いずれも裁判官の要請により当事者が争点整理案を作成しました。

当事者が作成する争点整理案

裁判官の要請により当事者が作成した争点整理案については、個人的には有用性を全く感じられませんでした。専門性の高い事案や、事案・争点が複雑化した事案ほど、当事者間では争点をうまく整理できず、いたずらに時間と労力を費やすばかりで、当事者双方が自己の主張を漏らすまいと頑張る結果、その内容も準備書面の主張を単に長々と引用しただけのものになりがちであり、裁判所にとっても当事者にとってもいかほどの意味があるのか甚だ疑問でした。特に裁判官が考えている争点が見えないという点で、当事者にとっては何のメリットもないのではないかと感じました。

このような経験から、今後、裁判官から争点整理案の作成を要請された場合には、上記の弊害？　を率直に伝えたうえで、裁判官主導での作成を打診しようと考えています。

争点整理案を裁判官が作成したケース

以下では、争点整理案を裁判官が作成したケースについて紹介します。

事案としては、下請会社にシステム開発を発注した元請会社が、成果物に存する瑕疵などを理由に契約を解除したところ、下請会社から請負代金等を請求されたというもので（以下「本件事件」）、私は顧問会社でもある元請会社の被告訴訟代理人を務めました。

本件事件では、受発注の契約の法的性質が請負か準委任かという入口の話に始まり、仕事完成の有無、成果物に存する瑕疵の内容・程度、契約解除の有効性、出来高の評価等々、争点が多岐にわたり、また発注に際しての要件定義書や成果物であるソースコード、システム仕様書（設計書）、テスト結果報告書等の内容に踏む込んだ専門技術的判断が不可欠な事件でもあったため、争点整理にトータルで１年半近くも要しました。途中、裁判官が交代となり、これを契機として新しい裁判官の下では、専門委員が選任されるとともに、当該裁判官が争点整理案を作成することになりました。

争点整理案の作成に際し、裁判官は当事者双方に対して、これまで裁判所に提出した準備書面につき、そのデータを提出するよう求めました。裁判官は、こうして当事者双方が提出した準備書面のデータをもとに、争点整理案を作成したようです。

裁判官から提示された争点整理案には、判決書でいえば、「第1　請求」「第2　事案の概要」までの事項が記載されており、最後に時系列表が添付されていました。

争点整理案を活用した争点整理

本件事件の期日においては、裁判官が作成した争点整理案の大枠について、裁判官から当事者双方が意見を求められ、主として「争点」と「争点に関する当事者の主張」の項目に記載された事項に関して、当事者双方が意見を述べました。契約の法的性質については、前任の裁判官の下では請負であるとの被告の主張を理解いただき、この点は争点から外すと明言されていたにもかかわらず、新しい裁判官の下では争点として復活していたため、裁判官に対し、被告の主張内容を口頭で再度説明し、争点から外していただきました。

争点整理案の大枠については早期に確定し、以後は、争点整理案を軸として、具体的な事実関係と証拠に照らして、各争点を掘り下げる作業が行われました。具体的には、各争点ごとに、裁判官と専門委員が事前に協議した事項について、専門委員の意見を踏まえた裁判官の見解、理解が当事者双方に一定程度示され、これに対し当事者が口頭で意見を述べ、必要があれば補充の書面、証拠を次回期日までに提出するといった作業が繰り返されました。この作業を通じて、裁判官、専門委員、当事者の間で毎回活発な議論が展開され、前任の裁判官の下では停滞していた争点整理が一気に進みました。

この争点整理案を軸とした場面において、私は、裁判官の理解が不十分であったり、誤解していると思われる点などがあれば、その場ですぐに口頭で補充説明し、場合によってはすでに提出している証拠の中から関連する証拠を提示し、被告の主張と証拠との関連性を具体的に説明するよう心がけました。また、ソースコードの内容など専門技術的な事項については、被告の主張を裁判官に正確に理解してもらうために、私の方から専門委員に対し積極的に意見を求め、専門委員の説明ないし意見を通じて、裁判官の理解を深めてもらえるよう心がけました。

システム開発に関わる専門技術的な内容については、私も全くの素人ですから、上記の対応には被告会社の担当エンジニアの協力が不可欠でした。争点整理案を参考に、次回期日に議論されるであろう事項について担当エンジニアと毎回念入りな打合せを行ったうえで期日に臨んでおりました。また、期日には担当エンジニアを同行し、必要に応じて担当エンジニアに確認しながら議論を進め、場合によっては裁判官の許可を得たうえで担当エンジニアに専門技術的な説明をしてもらうこともありました。

こうして裁判官が争点整理案を作成してから半年程度で争点整理は終了し、専門委員を味方に付けられたことが功を奏したこともあり、被告の主張が概ね認められる形での勝訴的和解を勝ち取ることができました。

争点整理手続では口頭での議論も重要

以上のとおり、本件事件においては、裁判官が作成した争点整理案によって争点の大枠を早期に確定した後に、その大枠の土俵の中で、裁判官、専門委員、当事者の間での口頭による議論を通じて充実した争点整理が行われました。特に専門性の高い事件においては、当事者による主体的な口頭による説明を通じた準備書面や書証の補完が必要だと思います。弁論準備手続における議論の場は非常に有益なため、こうした場を活用するためには、準備書面の作成に注力するのみならず、裁判官や専門委員に対し十分な説明、議論ができるよう万全の準備をして期日に臨む必要があると思います。

ワンポイントアドバイス

争点整理手続は裁判所の心証を知る絶好の機会

争点整理手続が行われた場合、明示的にも暗示的にも裁判所から心証が開示されることがあり、特に裁判所主導で争点整理手続が行われた場合は、争点をどのように捉え整理するのか、争点整理のやり方自体から裁判所の心証をうかがうことができます。

体験談にもあるとおり、争点整理手続で開示される裁判所の心証はあくまでその時点での仮のものであり、不利な心証であったとしても、その後の主張・立証活動次第では挽回可能な場合もあります。整理の結果を踏まえ、主張・立証の追加ができないか、また、それまでの主張・立証方針に変更の必要はないか、検討の材料を得られる絶好の機会といえるでしょう。

Method
07 答弁書・準備書面の作成

▸ 要件事実を守り
依頼者の気持ちも守る！

——答弁書や準備書面の作成においては、相手方の主張に対する認否を慎重かつ丁寧に行う必要がある。また、依頼者の意向をどこまで考慮した記載とするかについても、よく注意することが求められる。不用意な書面を作成してしまうと、依頼者に不利な結果となったり、懲戒処分の対象となったりする可能性がある。

認否は慎重かつ丁寧に

答弁書や準備書面において相手方の主張に対する認否をする際、安易に主張を認めて自白が成立するようなことがないように注意しなければなりません。相手方が証明責任を負う主要事実を「認める」ことによって自白が成立し、相手方が当該事実を証明する必要がなくなるとともに、裁判所に対して当該事実をそのまま判決の基礎にしなければならないとの拘束力を生じさせるためです。

自白は原則として撤回することができませんので、認めてよい事実か否かを十分に検討したうえ、どの事実を認めるかを丁寧に特定することが重要です。認める対象を明らかにするという観点から、「○○は認め、その余は否認する」との記載を原則とするのが好ましいでしょう。これに対して「××は否認し、その余は認める」と認否する場合には、「その余」の内容をより慎重に確認する必要があります。

また、相手方の主張の趣旨が不明瞭な場合には、釈明を求めたうえで趣旨が明らかになった後に認否を行うのが適当です。曖昧なまま認否をした結果、想定外に自白が成立してしまったということがないように注意しましょう。

依頼者の意向をどこまで反映させるか

原告と被告との間に感情的な対立があるケースがよく見られます。特にそのようなケースでは、依頼者から、訴訟上の攻撃防御に必要とはいえない主張をどうしても記載してほしいと求められることがあります。この場合に、どこまで依頼者の要望に沿った記載をするかは悩ましいところです。

書いてほしいという事実が依頼者にとって不利に働くものであれば、それを答弁書や準備書面に記載するわけにいきません。ただし、この場合でも、単に「不利益だから書けない」という結論を伝えるだけでは依頼者に不満が募ってしまいますから、不利になると考える理由を十分に説明して納得を得ることが重要でしょう。

さらに難しいのが、依頼者にとって必ずしも不利に働くとはいえない事実の場合です。民事訴訟が法的紛争の解決を目的とするものである以上、紛争の解決に関係しない事実を長々と論じることは望ましくありません。他方で、依頼者の要望を一切聞き入れないことは、依頼者の不満を募らせ、ひいては信頼関係を損なう結果となってしまうおそれがあります。このような要望に対しては、準備書面中に依頼者の要望する記載内容を「関連事情」として別立ての項目で論じたり、準備書面では要点のみを指摘するにとどめ、詳細は陳述書に記載したりするなどの工夫が考えられます。

悪口や過激な表現には要注意

さらに一歩進んで、「相手に文句を言いたい」「相手がいかに酷い人間かを指摘してほしい」「相手をやり込めたい」という思いから、相手の人格を否定するような強い表現を用いることを依頼者に望まれる場合があります。特に相手方が本人訴訟の場合で、相手方から提出される書面中に過激な表現が含まれていると、それに対する強い反論を求められ、穏当な表現で書面を作成しても「どうして強く言ってくれないんだ」「そんな弱気な表現しかしないと自信がなく見える」などと不満を言われることもあります。

しかし、正当な訴訟活動、弁論活動として許容される範囲を超える記載は、弁護士としての品位を失うべき非行に該当するとして懲戒処分の対象となったり、侮辱や名誉毀損に当たるものと評価されて不法行為を構成し、損害賠償責任を負う結果となったりすることにもつながります。訴訟の進行の面で考えても、不必要な過激な表現をしたがゆえに和解の途を閉ざしてしまうという可能性もあるでしょう。

代理人としては、依頼者の意向も踏まえながらも、不当な表現とならないよう冷静な判断が求められるところです。

体験談 1

相手を徹底的に言い負かせてください！

弁護士５年目　男性

あいつが憎くてしかたない

SNS 上での名誉毀損行為を理由とする損害賠償請求訴訟の被告となった方から依頼を受け、訴訟代理人として対応しました。相手方（原告）には代理人が付いておらず本人訴訟です。

依頼者と相手方とはSNS 上のみならず仕事上のつきあいもある関係でしたが、以前から折り合いが悪く、お互いに「あいつが憎くてしかたない」といった間柄でした。そのため、訴状の段階からすでに被告に対する悪口が数多く記されており、依頼者は提訴を受けてはじめて相談に見えた時点で怒り心頭の様子でした。

依頼者からの加筆要望

私は、聞き取った事情を踏まえて答弁書を起案し、それを依頼者にメールで送って確認を求めました。

すると、依頼者からは、「SNS 上での私の発言は、相手方の私に対する侮辱発言を受けたものである。相手方は普段からそのような発言ばかりしているけしからんやつだ。そのことを裁判官にわかってもらいたい。相手方がいかに人としてダメなやつかを書いてほしい」との指摘とともに、私の起案した書面に「原告は嘘つき」「人として最低である」「前科者という噂もある」などと加筆したものが返送されてきました。

このような表現は新たな問題を引き起こし、紛争の解決に資さないと考え、依頼者の求める加筆修正はできないとすぐに結論付けました。もっとも、依頼者の要望が相当強かったため電話やメールのやり取りでは依頼者の十分な納得が得られないと思い、あらためて対面での打合せを行うことにしました。

打合せの席では、依頼者の求める表現が侮辱や名誉毀損に当たり、それ自体が不法行為責任を生じさせかねないものであることを説明しました。しかし、依頼者の納得はなかなか得られず、「自信がないから強く書けないのではないか」「弱気な表現で裁判官に本当にわかってもらえるのか」といった不満を口にされました。それでも、表面的な表現方法よりも内容の方が重要であり、むしろ過激な表現は裁判官の心証に悪影響を及ぼしかねないなどと根気強く説明を続け、何度も表現の修正を行いながら、なんとか依頼者に了解してもらえる書面を完成させることができました。

原告のさらなる口撃

第1回口頭弁論期日では訴状と答弁書が陳述され、第2回口頭弁論期日までに相手方（原告）が答弁書に対する反論をすることになりました。

第2回期日直前に相手方から出てきた準備書面を見ると、訴状に書かれていた以上に依頼者に対する悪口が記載されていました。私はこれを読んだ瞬間、依頼者が再び激怒する姿を想像して憂鬱になりました。

そんな沈んだ気分のまま期日に臨むと、裁判官から相手方に対して当該悪口部分を陳述させない旨の指摘があり、過激な表現を慎むよう注意がなされました。私は、このような訴訟指揮がなされるとは想定しておらず、とてもありがたいと思ったのを覚えています。

和解による解決

裁判官から上記指摘があったことを依頼者に報告すると、裁判官がそう考えているのであればよいと思われたのか、依頼者の相手方に対する怒りはそれほど大きくなっていないようでした。

その後、双方が数通ずつ準備書面を提出しましたが、裁判所の指揮もあって、相手方による悪口表現は見られなくなりました。そして、それがよい方向に影響したのだと思いますが、比較的順調に裁判上の和解の成立に至ることができました。

最初こそ依頼者対応に苦慮した事件でしたが、準備書面における表現方法を見つめ直す機会となったうえ、最終的には和解で解決を図ることができてよい経験になりました。

体験談 2

認否できない

弁護士 10 年目　女性

何を請求しているのかわからない

損害賠償請求事件の被告になった方から受任したときのことです。訴状を見てみると、請求の趣旨が 10 項目以上羅列されていました。「請求の原因」と題する項目は何十頁にも及んでいます。ところが、「請求の原因」には、要件事実のみならず、事件の経緯や関連事情等が混然一体となって記載されており、どの請求の趣旨に対応する記載なのか判然としません。証拠と証拠説明書もありましたが、訴状の中に証拠番号が引用されていないため、どの事実を立証する証拠なのかもわかりません。

おまけに、訴状の文頭は一字下げがされておらず、改行もなされていないので、読みにくいことこの上ありません。訴状とともに訴状訂正申立書も送達されていましたが、これを読んでみても、請求の趣旨と請求の原因の関連性は不明のままでした。ちなみに、これらの書面は全て相手方の弁護士が作成したものでした。

この訴状について、請求の趣旨、ましてや請求の原因について認否することは到底不可能であると考えた私は、裁判官に連絡して、このままでは認否できないと相談しました。すると裁判官の回答は、できる範囲で認否し、不明確な箇所については求釈明してほしいとのことでした。

求釈明といわれても

「求釈明といわれても……」、私は悩みました。不明確な箇所が多すぎてきりがないこともそうですが、求釈明することによって、かえって原告の主張を整理し直してあげることになりかねなかったからです。

悩んだ末に、請求の趣旨について最低限の認否を行い、請求の原因のうち、まずは絶対に押さえておきたいポイントに絞って求釈明しました。原告が釈明をして主張が確定すると、それに対して認否をし、また求釈明を行って原告の主張を確定させてから認否をするということを繰り返していきました。このようなやり取りには随分時間がかかりましたが、このようにして確定させた事実が、後に原告の請求を棄却することにつながったという結果からすると、対応は正しかったということになりました。

認否は慎重に

この事案を担当したときに、研修所の民事弁護の授業で、認否は慎重に行うようにという指導を受けたことを思い出しました。原告の主張が判然としないままで認否をしてはならない、というものです。求釈明を繰り返すことになると時間はかかりますが、かといって、安易に誤った認否をしてしまうと取り返しがつかないということになりかねません。訴訟は何より最初が肝心ですので、慎重に対応すべきであることを実感しました。同時に、明瞭な訴状を作成することが重要であるということを、あらためて学んだ事件でした。

体験談 3

どこまで書く?

弁護士 10 年目　女性

相手方からの訴訟提起

とある会社から、派遣料金の請求訴訟を提起されたとの相談がありました。

依頼者は、相手方の会社から、長期間働くことが可能な者を派遣するということを前提に、スタッフ１名の派遣を受けたものの、結局、当該派遣社員は、ごく短期間で辞めてしまったとのことでした。

しかし、契約書を見ると、契約期間は短期間に定められており、当該派遣社員が辞めたのは、契約期間満了後のことでした。長期間働くことが可能な者を派遣するというのは、担当者同士の口頭でのやり取りであり、何か証拠が残っているわけではありませんでした。

依頼者としては、契約書の内容は理解していたものの、口頭での合意があったことや、ほかにも、相手方の対応に納得できない点があったことから、支払いを渋っていたところ、訴訟提起をされたようでした。

方針の検討

依頼者としては、相手方の対応には、不誠実な点が多々見受けられたので、支払いをしたくないとのことでした。

依頼者の意向を前提に、いろいろと検討してみましたが、契約上、支払義務が発生していることを争うのはなかなか難しそうでした。ただ、依頼者が相手方に対し債権を有していたことから、相殺の主張を行ってみるという方針になりました。

準備書面の作成

上記の方針を前提に、私は、請求原因事実については認めたうえで、相殺についての主張を記載した準備書面を作成しました。依頼者が納得できていない相手方の対応については、それらを裏付ける証拠はなく、また、要件事実とは関係のない事情にならざるを得なかったことから、請求原因に対する認否を記載した後に、ごく簡単に記載することにしました。

しかし、依頼者からは、簡単な記載では納得できない、相手方の不誠実な対応については、きちんと主張したいとの強い要望が出ました。

依頼者としては、相手方の対応が、法律上、相手方の請求を妨げる事情にはならないことは理解していたものの、そのような対応があったこと自体は主張しておきたいという気持ちであったようです。

先輩弁護士に相談したところ、認否や要件事実に関連する主張とは別に項目を立て、本件の経緯などという形で、相手方の対応などを記載してはどうかとのアドバイスをいただきました。

そこで、私は、認否や要件事実に関連する主張とは別に「本件に至る経緯」という項目を作成し、その中で依頼者が話をしていた相手方の対応について盛り込むこととしました。ただし、その項目の中でも、裁判所や相手方に法的主張をしていると誤解されることのないように、念のため、前提として請求原因事実については争うものではないということを、記載しておきました。

修正した準備書面を依頼者に見せたところ、今度は、自分の意向が反映されているということで納得していただけました。

最終的には、原告の請求額の満額に近い金額を支払う内容の和解にはなりましたが、依頼者としては、言いたいことが言えたということもあり、満足していただけたようでした。

依頼者の意向

本件に限らず、要件事実とは関係のない事情について、依頼者が記載を希望するということは少なからずあることかと思います。

当然、記載することによりかえって不利になってしまうような事情は書くべきではありませんし、要件事実を整理せず、依頼者の話をそのまま記載するということでも、訴訟活動に支障が出てしまいますので、するべきではありません。

ただ、要件事実とは関係ないという理由のみで、全く記載をしないというのも、依頼者に不満が残る形となる可能性があります。

代理人としては悩ましいところですが、要件事実については整理して主張したうえで、別に項目を設けるなどし、依頼者の意向を反映させるということなども考えた方がよいと思った一件でした。

ワンポイントアドバイス

裁判書面として完成させつつ依頼者の感情を尊重する

弁護士は依頼者の代理人です。しかし、依頼者に最大の満足をもたらすためには、単に依頼者の代弁者であるだけでは足りません。

体験談1は、当事者同士に感情的な対立が生じている中で、感情的になっている相手方に惑わされず、依頼者を説得して冷静な書面を作成したことが奏功しています。

体験談2では、不明瞭な相手方の書面に対しても慎重に認否を行ったことで求める判決が得られています。このように、裁判書面の作成においては、感情的になりがちな依頼者を説得しながら、まずは法的に有利なものとすることが必要です。

体験談3では、認否や要件事実に関連する主張とは別の項目を設けて依頼者の感情を反映させています。体験談では残念な結果となってしまいましたが、書面に依頼者の感情を反映させることにより、依頼者を納得させるだけでなく、書面に臨場感をもたせて裁判官の心証を有利なものにすることも期待されるので、有益なテクニックです。

弁護士は、依頼者の感情をそのまま書面化するべきではありません。しかし、依頼者の感情を尊重して、冷静な書面への理解を得ることが求められます。また、裁判書面の中に上手に依頼者の感情を取り込むことができれば、より大きな依頼者の満足を得ることができるでしょう。

Method

08 訴訟戦略

▶ 先の展開を予想して訴訟戦略を立てる！

——訴訟では、依頼者にとって最善の結論を得るために、裁判所を説得することが目的となる。そのためには、裁判官にとってわかりやすい書面の作成や、訴訟の展開や相手方の反応を踏まえた最善と思われるタイミングでの証拠提出、裁判所からの問い合わせへの適切な対応など、戦略を立てて慎重に行動することが求められる。

ひとえに「訴訟戦略」といっても、人によって使い方が異なり多義的な意味をもつ言葉ですが、ここでは、①裁判所に提出する書面の書き方、②証拠を提出するタイミング、③裁判所への対応という３つに分けて説明します。

①裁判所に提出する書面の書き方

訴訟で提出する訴状や準備書面等は、裁判官を説得するためのものですから、裁判官にとってわかりやすい書面でなければなりません。

では、「裁判官にとってわかりやすい書面」とは具体的に何かというと、裁判官は司法研修所の考え方をベースにしているので、形式的には、司法研修所で教わった「型」に忠実な書面であり、実質的には、適切に法的構成を選択し、法的構成に基づき過不足なく要件事実の適示ができている書面であるといえるでしょう。「型」や要件事実を確認するためには、司法修習で使用した教材（『民事弁護の手引』や『民事第一審手続の解説―別冊記録に基づいて―』等）が有用です。

書面作成に慣れてくると、独自の型を作ったり、余計な表現を加えてしまうことがあるので、基本を忘れないようにしましょう。

②証拠を提出するタイミング

民事訴訟法には、攻撃又は防御の方法は訴訟の進行状況に応じ適切な時期に提出しなければならない適時提出主義がありますが、弁護士の視点からすれば、審理の様子を見ながら証拠の適切な提出時期を見極めなければなりません。

例えば、早めに証拠を提出するのではなく、自身の主張に対する相手方の認否を確認した後に証拠を提出するという判断が求められる場合もあります。また、証拠の種類によっては、相手方のプライバシーに配慮するために、事前に相手方に対し裁判外において証拠を開示しておく対応が必要である場合もあります。

証拠を出す適切なタイミングはケースバイケースであり、残念ながら、決まったルールがあるわけではありませんので、本書のような体験談を多く読んだり、先輩弁護士から聞いたりすることをおすすめします。

③裁判所への対応

訴状を提出すると、裁判所から、書面の審査など事件の進行に関して連絡がきたり、個別に協議を行ったりすることがあります。

裁判所からの指摘に対しては、書面に問題があるときには速やかに訂正をする等の対応が必要ですが、裁判所の指摘が必ずしも正しいとは限らないので必要に応じて裁判所職員総合研修所監修『民事実務講義案Ⅰ～Ⅲ（五訂版）』司法協会（2016 年）等の実務書を確認することが重要です。

また、依頼者との守秘義務の問題もあるので、裁判所といえども、事前に依頼者に確認せずに事件の内容を話してしまうことは適切ではありません。

法的な観点とあわせて、依頼者との守秘義務にも配慮しながら裁判所からの連絡や個別の協議には対応するようにしましょう。

体験談 1

取下げは認めない?

弁護士 10 年目　男性

とあるご老人からの相談

私が、まだ弁護士になって間もない頃に、70 代のご老人（A さん）から受けた事件について、見通しを誤り、かえって訴訟手続を長引かせてしまったことがありましたので、その時のエピソードを紹介します。

A さんは、地方の貸金業者から、遠方の簡易裁判所に貸金請求訴訟を提起され、訴状が自宅に届いた状況で相談にいらっしゃいました。一人暮らしで、近所に気の置けない友人もいなかった A さんは、誰にも相談することができず、裁判を起こされたということ自体が精神的負担となり、相談時はかなり憔悴した状態でした。

地方の事件であったものの、簡易裁判所であったことから、期日に出頭しなくとも準備書面を提出すれば手続を進められる（民事訴訟法 277 条）ため、事件を受任しました。

正義感に駆られて……

A さんから詳しく話を聞くと、お金は借りたことがあるものの、平成初期のことで、数回弁済した後に弁済しなくなりこれまで一切請求がなかったが、最近、催告状や催告の電報が届いたり、実際に自宅まで業者が取立てに来るようになったとのことでした。調べてみると、相手方は、明らかに時効期間が経過している債権を安価で買い取り、強引な取立てや、本店所在地から遠方に住んでいる人をあえて選び訴訟を起こす等をしている、悪徳な金融業者であることがわかりました。

実際に私が訴訟代理人に付き、時効消滅を主張する答弁書を提出した途端に、相手方から地裁への移送の申立てがされました（当然、却下されました）。

移送が認められないことがわかると、今度は第1回期日が開かれる前に訴えの取下書が提出されました。私は、取下げを認めてしまえば、再度、Aさんに対する相手方の取立てが再開されるおそれがあり、裁判所に請求債権について判断してもらう必要があると考え、また、このような悪徳業者の取下げは認められるべきではないという正義感に駆られ、取下げに対しては異議を申し立てました。

しかし、第1回期日に相手方は出頭せず（当然、私も不出頭です）、次回期日の指定もされずに期日が終了し（いわゆる休止）、私が裁判所に出頭することは費用的に困難であり期日指定申立もすることができなかったので、結局、1か月後、訴えの取下げの擬制（民事訴訟法263条）により訴訟は終了しました。

その後

上記のとおり、訴訟は取下げにより終了しましたが、債権が時効消滅しているとする裁判所のお墨付きは得られなかったため、私は、相手方に対し、消滅時効援用の内容証明を送り、また、Aさんの住所の近くの警察署に事情を説明して、Aさんの自宅に相手方が取立てに押しかけ、Aさんが110番通報した場合には、近所の交番から迅速に警察官が駆けつけてくれるように手配をしました。

今でもＡさんとは年賀状のやり取りをしていますが、訴訟以降は相手方が自宅に押しかけることもないようなので、安心しています。

ただ、あの時、熱くなることなく冷静に判断し、最初から訴えの取下げに同意していれば、１か月も訴訟が継続することなく、Ａさんが不安な状況に置かれることがなかったと反省しています。

体験談 2

裁判官の交代で逆風が追い風に！？

弁護士 12 年目　男性

訴えの取下げを促される

私が弁護士登録６年目のときの案件を紹介させていただきます。

親族間における金銭トラブルで、原告と被告の間では、合意書が作成されており、それによると形式的には原告から被告へは、金銭の支払請求ができないかのような建付けになっていました。他方で、当該合意書の文言に曖昧な部分があったことや、成立過程等にも問題がある事案でした。

訴訟提起前の交渉では、当然のことながら、被告代理人から合意書の提示があり、支払義務は一切なしとの回答があったところ、依頼者（原告）の意向を踏まえて、訴訟提起に踏み切りました。

私としては、筋がよいとはいえない案件と思いつつも合意書の作成経緯から依頼者が若干可哀そうと感じる案件でもあり、当該合意書の成立過程と解釈を粘り強く争点とすれば、少しでもよい条件での和解に持ち込めるのではないかと期待しつつ、訴訟提起をしたわけです。

ところが淡い期待は、すぐに打ち砕かれました。

第1回から第2回の期日において、担当の裁判官からは、「こんなわかりやすい合意書があるのだから、原告の被告に対する請求は明らかに成り立たないですよ」「至急、取下げも検討した方がよいですよ」という趣旨の言葉を言われました。

予想以上の厳しい対応に、このままでは、あっさりと請求棄却となるか、取下げをせざるを得ないような状況でした。

年度末の裁判官の交代

悩ましい状況の中、少しでも実質審理を進めてもらうため、合意書の解釈や、合意書の無効に関する準備書面の検討を進めていたところ、3月のある期日において、担当裁判官がその年の3月末で異動になるため、次回は新しい裁判官に交代になるとの話がありました。

これは、もしかしたら流れが変わるのではないかとの期待とそんな甘いものではないとの思考が混在する中、引き続き、主張と証拠の整理に時間を割きました。

裁判官の交代後

年度が替わり、裁判官が交代になりました。

裁判官の交代後の期日においても、被告代理人は、合意書があるのだから、これ以上、準備書面のラリーや、尋問手続に進む必要性はなく(尋問によって結論が変わる事案ではない)、審理は速やかに打ち切られるべきだとのスタンスを継続していました。合意書の存在と当初の裁判官の反応からすれば、被告代理人としては、審理について、ある程度、楽観視していたといっても過言ではないでしょう。

しかしながら、新しく担当となった裁判官の反応は、従前の裁判官とは、全く違いました。交代後、数回目の期日において、新しい裁判官より、尋問結果によっては原告の請求が認容される余地もあると考えているとの発言がありました。被告代理人としても意外な展開であったと思います。

私の勝手な思い込みかもしれませんが、一定の落ち度があるとはいえ、不利益な合意書に署名捺印をしてしまった私の依頼者を少し気の毒に思ったのかもしれません。

その後、期日を重ねた結果、依頼者にとっても納得のいく形での和解を成立させることができました。裁判官の交代なしに当該和解は実現できなかったものと今でも考えています。

諦めない姿勢が大切

裁判官の交代によって、訴訟の風向きが変わることは、先輩方からもよく聞く話ではありましたが、当該案件で身をもってその意味を理解することができました。裁判官によって事件の筋の捉え方が異なることがあり、当事者の代理人たる弁護士は、丁寧に主張・立証の検討を行うことの大切さも感じた案件でした。

もちろん、裁判官の交代で全てがうまくいくわけではありませんが、諦めない姿勢、粘りが訴訟を有利に運ぶことがあるものと思います。

逆にいえば、自身にとって有利に裁判が進んでいる場合でも風向きが変わることはあり、油断は禁物といえます。特に年度末に裁判官が交代する際には注意が必要であると考えられます。

体験談３

裁判官からの指示はゼッタイ？

弁護士４年目　男性

突然の連絡

私が、弁護士登録をして２年目に不貞行為に基づく損害賠償請求事件を担当したときのことです。

依頼者は、不貞行為の被害を受けた女性であり、今後、不貞配偶者と離婚することを予定しています。相手方は、不貞配偶者と不貞行為を行った女性です。

まず、私は相手方に対し不貞慰謝料を請求する通知書を送付し、３か月程度、裁判外における話合いを続けましたが、和解金額の折り合いがつかなかったことから、訴訟提起をするに至りました。

訴状提出から１週間が経過した頃のことです。裁判官から突然、所属事務所に連絡がありました。

複雑な事件では、訴状審査段階においても裁判官から連絡が来ることは時折あります。もっとも、今回の訴状は比較的争点がわかりやすい事件であっただけに不思議に思いながら電話に出ました。

裁判官の話は「訴状を確認しましたが、遅延損害金の起算点が誤っているように思います。不貞慰謝料の起算点は不貞行為の終期を基準とするので、訴状訂正申立書を提出してください」とのことでした。

しかし、私は、不貞慰謝料の遅延損害金の起算点について、不貞行為の始期を基準とする判決を獲得した経験があるとともに、同様の判断をする裁判例も確認したことがありました。そこで、その旨を裁判官に伝えたところ、裁判官は「そのように判断する裁判例はあることはわかりますが……。では、遅延損害金の起算点を補充する主張書面を提出してください」と話しました。

そこで、私は、不貞行為の始期を起算点とする最新の裁判例を紹介しつつ、不貞行為を始めた頃から夫婦関係が悪化したことを主張し、不貞行為の始期を基準とすべきである旨を記載した準備書面を追加提出しました。

和解交渉の打ち切り

その後、裁判官から連絡が来ることはなく、第１回口頭弁論期日を迎えました。訴訟提起後には被告に代理人が付き、争点整理が進められ、尋問前の和解勧試も行われました。もっとも、被告は「コロナ禍の影響により資力が乏しく、解決金を支払うことができない」とのことであり、早々に和解の話合いは打ち切られ、当事者尋問を行い、その日のうちに結審しました。

判決の内容は……

裁判所は、結審から約１か月後に、被告に対し不貞慰謝料として165万円を支払うことを命じる判決を下しました。

私が驚いた内容は、遅延損害金の起算点に関する裁判所の判断です。判決文では、訴状審査段階の裁判官の見解とは異なり、不貞行為の始期を起算点とする判断を示してくれたのです。裁判官が心証を示した後にその心証とは異なる見解を採用するケースはあまりないので、私は、とても驚いたとともに、諦めずに準備書面を提出した甲斐があったと感じました。

私は、判決文が確定した後、相手方代理人に対し、遅延損害金を含めた金額を記載した通知書を送付したところ、無事、相手方より不貞慰謝料の全額を支払ってもらうことができました。不貞行為の始期から起算すると3年以上が経過していたため、不貞慰謝料は総額200万円を超える金額になりました。

最善を尽くす！

当然ながら、訴状審査段階において裁判所から指摘された箇所が法的に誤っているのであれば、訴状を訂正しなければなりません。

しかし、裁判官や裁判所書記官の方々も同じ人間ですから、全ての裁判例や見解を把握しているものではなく、ときには法的に誤っているとまではいえない箇所の訂正を依頼することもあります。

私は、今回の事件を通し、弁護士として依頼者のためにできる最善の選択肢を検討しながら、裁判所からの指摘が適切なものかどうかを冷静に見極める必要があることを痛感しました。

体験談4

弁護士から見た適時提出主義

弁護士4年目　男性

反抗的な相手方

私が、弁護士登録をして3年目に不貞行為に基づく損害賠償請求事件を担当したときのことです。

依頼者は、不貞行為の被害を受けた女性であり、不貞行為の発覚により配偶者と別居しています。相手方は、依頼者の配偶者と不貞行為を行った女性です。

不貞行為に関する証拠として、配偶者が相手方宅にいる様子を撮影した動画や不貞配偶者が相手方宅にいたことを示すGPS画像などがあります。

私は、相手方に対し不貞慰謝料を請求する旨の連絡をしたところ、相手方は「不貞行為を行った事実はありません。証拠はあるんですか」と述べ、やや反抗的な態度で電話に応じてきました。

その後も、相手方は、裁判外における話合いに応じる様子ではなかったことから、訴訟提起をするに至りました。

相手方の対応を見据えた攻撃方法

私は、訴状を準備する中において、ふと相手方の対応で気になる点があることを思い出しました。

それは、相手方が頻繁に私に対し「どのような証拠を持っているのですか」と聞いてきたことです。

私は、相手方に対し、どのような証拠を持っているかを明らかにはしませんでしたが、こうした相手方の態度からすれば、相手方は当方の証拠の有無に応じて認否や主張を変えようと考えているおそれがあると考えました。

依頼者より受領した主な証拠は、上記のとおり動画とGPS画像です。

動画は親密な交際を推認させることができそうな証拠ですが、GPS画像は必ずしも不貞行為を推認させる証拠とまではいえません。証拠の提出時期次第では、裁判所に立証が不十分であると判断されるおそれがあるようにも思います。

そこで、私は、訴状提出段階においては、証拠提出をGPS画像のみにとどめ、答弁書の認否次第で動画を追加提出する方針で進めることにしました。

気になる被告の認否は……

裁判所に訴状を提出してから約１か月が経過した頃に、被告は、弁護士を付け、第１回期日において答弁書を提出しました。被告の答弁書は、追って主張する旨の記載にとどめた三行答弁書であったため、実質的な主張が記載されている書面は被告準備書面⑴になります。

そのため、被告の認否が明らかになったのは第２回期日において被告準備書面⑴を確認したときでした。

気になる被告の認否ですが、「不貞行為を行った事実はない。被告と原告配偶者は単なる職場の同僚の関係にすぎず、被告と原告配偶者が職場以外の場所で会ったことはない」とのことでした。

二転三転する被告の主張

私は、被告の主張を踏まえ、第３回期日において、被告と原告配偶者が単なる職場の同僚にすぎず、職場以外の場所で会ったことがないことに反する証拠として、原告配偶者が相手方宅にいる様子を撮影した動画を提出しました。

すると、被告は、第４回期日において、被告準備書面⑴記載の主張を変更し、「被告と原告配偶者が部屋を行き来する関係にあったことは認めるが、家事を手伝ってもらっていたものにすぎない」との主張に切り替えました。

私は、第４回期日における被告の主張を踏まえ、原告本人に対し、その他の証拠の有無を確認したところ、原告は「訴訟提起後に原告配偶者が不貞行為を自白した書面があること」を話してくれました。原告によれば、原告配偶者は、当初、不貞行為を否定していましたが、最近になって不貞行為を詳細に自白したとのことでした。

そこで、私は、第５回期日において、原告配偶者自身が記載した不貞行為を自白した書面を提出したところ、被告は、第６回期日において、初めて不貞行為を認めました。

被告は、第６回期日以降、原告配偶者が積極的に不貞行為を誘ってきた旨を主張し損害額を争いましたが、このように二転三転する被告の主張を裁判所がよく思うはずもありません。

裁判所は、基本的に原告の主張に沿って損害額を判断し、その後の審理を原告有利に進めることができました。

証拠を“適時に”提出する！

民事訴訟法には、攻撃又は防御の方法は訴訟の進行状況に応じ適切な時期に提出しなければならない適時提出主義があり、裁判官によっては、早い段階から証拠を提出するように促す方もいます。

しかし、今回の事件のように、決して証拠が十分とはいえず、被告の認否次第では結論が変わってしまうおそれがある事件では、証拠の提出する時期について慎重に配慮しなければなりません。

証拠は、依頼者の方が時間をかけて収集してくれた貴重なものです。

私は、今回の事件を通して、弁護士として、被告が主張してくる反論を予期しつつ適切な時期に証拠を提出しなければならないことを実感しました。

体験談 5

強い証拠を出すタイミング

弁護士７年目　男性

有責配偶者からの離婚請求

夫から離婚訴訟を提起された妻から依頼を受けて、この訴訟に対応したことがありました。本件では原告である夫が不貞行為を行っていたという事実があり、原告が不貞行為の相手方と交際関係にあることを示す複数の画像も当初から入手していました。もっとも、答弁書においては原告が不貞行為を行っており、有責配偶者からの離婚請求であるとの主張にとどめ、あえて不貞行為の詳しい内容に立ち入ることはせず、また上記画像も証拠として提出することはしませんでした。

不貞行為は一夜限りであるとの反論？

原告は有責配偶者であるとの被告の主張に対して原告が行った反論は、原告と不貞行為の相手方との関係は一夜限りであり、これにより原告は離婚原因を生じさせていないから原告は有責配偶者に当たらないというものでした。

これに対して、こちらは上記画像を証拠として提出し、原告と不貞行為の相手方は交際関係にあり、一夜限りの関係ではなく原告が有責配偶者に当たることは明らかであるとの主張を行いました。

原告は上記画像が証拠として提出された後も原告と不貞行為の相手方との関係は一夜限りであるとの主張を繰り返していましたが、客観的証拠と矛盾している主張であることは明らかであり、むしろこのような主張を繰り返すことで、他の主張の信憑性も失われることになったと思われます。

実際、判決では原告の一夜限りであるとの主張は事実に反すると認定され、被告の勝訴となりました。

訴訟戦略というよりも……

強い証拠を持っている場合、その証拠をどのタイミングで提出するのかは訴訟戦略上重要であると思います。あえて相手方にある程度主張させて逃げ道を塞いでから出した方が結果的にうまくいくことがあり得ます。本件でも答弁書の段階で上記画像を証拠として提出していれば、原告は一夜限りの関係であるとの主張をしていなかったかもしれず、そうすればこの訴訟の帰すうも変わっていたかもしれません。

もっとも本件に関していえば、訴訟戦略上というよりも不貞行為を示す上記画像がかなりセンシティブなものであり、プライバシーに関わるものであったことから直ちに証拠として提出することに躊躇を覚えたというのも正直なところです。訴訟戦略という観点も重要ですが、プライバシー性の高い証拠は相手方が明らかに虚偽の主張を行っており、それに対する反証の必要性が高度である場合に限って提出するべきではないかと思います。

ワンポイントアドバイス

常に戦略的に
先の展開を考えながら行動する

体験談で見たとおり、訴訟戦略が発揮される場面は、訴訟の展開によってさまざまです。しかし、訴訟戦略には、先の展開を考えての行動であるという共通点があります。体験談１は、自分が取下げに同意しなくても取下げ擬制となってしまうだろうという先の展開への見通しの甘さからの失敗談でした。体験談２は、結論の妥当性という観点から依頼者のために諦めなかったことが報われています。体験談３は、裁判官とは異なる自分の主張にも法的な理があるからと考えての訴訟追行が奏功したものです。体験談３と体験談４は、どちらも、裁判官の態度を踏まえても、なお諦めるべき場面ではないと考えての訴訟戦略が実を結びました。これらの訴訟戦略は審級を変えての控訴審で報われることもあります。体験談４、体験談５は、相手方の先の行動を読んで、最も効果的なタイミングを見極めて証拠を提出するという訴訟戦略がわかりやすい体験談です。

訴訟戦略は、弁護士の経験値によって大きな差がつく分野です。自分で経験を積むことはもちろんですが、先輩の話を聞いたり体験談を読んだりすることによっても経験値を得ることは可能です。本書を訴訟戦略を磨く一助としてお役立ていただければ幸いです。

Method

09 反訴のタイミング

▸ 攻守の構造を逆転させる反訴を使いこなそう！

――被告代理人にとって、反訴の要件の検討は難しい問題である。しかし、原告代理人からの異議が出なければ、反訴についての審理がなされることもある。また、仮に反訴が認容されなくとも、反訴することで有利に和解を進められる可能性もある。被告代理人は反訴を積極的に活用すべきである。

反訴とは

反訴とは、「係属中の訴訟手続を利用して被告が原告に対して提起する訴え」をいいます（中野貞一郎＝松浦馨＝鈴木正裕編『新民事訴訟法講義〈第3版〉』有斐閣（2018年）570頁）。民事訴訟法146条に規定があります。

交通事故の加害者と被害者がその損害額について争っている場合に、加害者が自らが認めている損害額を超えて債務が存在しないことを確認することを求める債務不存在確認の訴えを提起し、これに対して被害者が不法行為に基づく損害賠償請求の訴えの反訴を提起するといったケースが典型例として挙げられます。なお、民事訴訟費用等に関する法律3

条別表第1の6項により、この場合に納めるべき手数料は本訴の手数料の額を控除した額となります。

関連性の要件について

反訴の要件についてもっとも悩ましいのは、民事訴訟法146条1項に規定されている「本訴の目的である請求又は防御の方法と関連する請求を目的とする場合」の要件（いわゆる「関連性の要件」）ではないかと思います。

関連性の要件について、前掲『新民事訴訟法講義』571頁は「反訴請求が本訴請求またはこれに対する防御方法と関連すること（内容または発生原因において法律上または事実上の共通点を有すること）」と記載しています。同記載のとおり、関連性の要件は事実上の共通点までも含んでおり、該当するか否かの判断は必ずしも容易ではありません。

判断に迷う微妙なケースもありますが、その場合は反訴状に、代理人としては関連性があると考える根拠を記載するとよいでしょう。

裁判官が原告代理人に「反訴として審理してよいか」確認し、原告代理人から特に異議が出なければそのまま反訴として審理されることもありますので、語弊があるかもしれませんがそこまで深く突き詰めて考える必要はないかもしれません。

反訴の要件が満たされない場合には別訴を提起したうえで弁論併合の上申書を提出することが考えられます。

反訴提起の方法

民事訴訟法146条4項に「反訴については、訴えに関する規定による」と規定されており、反訴も訴状（反訴状）を裁判所に提出して行うことになります（同法133条1項)。ただし、簡易裁判所においては口頭で提起することも可能です（同法271条）。

反訴においては事件名を「○○○反訴事件」とすることが通常です。冒頭に本訴の事件番号と事件名を明記したうえで本訴被告が反訴を提起することを示す必要があります。

和解も見据えた訴訟戦略としての反訴

被告代理人として受任した場合は、この訴訟において反訴する余地があるのかについて検討します。反訴が認容される見込みが必ずしも高くないケースでも、反訴することで有利に和解を進められる可能性もあることから（原告からすれば請求が棄却されることは想定していても、逆に請求されることはあまり想定していないかもしれません）、反訴は積極的に活用すべきではないかと思います。

ただし、反訴にも当然費用がかかりますから、依頼人には反訴をする意義、反訴が認容される見込み、費用等について十分な説明を行い、納得してもらったうえで反訴を提起すべきことは言うまでもありません。

体験談 1

その反訴、どこまで本気ですか？

弁護士 11 年目　男性

相手方からの請負代金請求

避暑地として有名な場所に別荘を建てた方から依頼を受けました。建設会社との間で建築請負契約を締結し、建物の完成・引渡しを受けたものの、外壁の施工に瑕疵（平成 29 年改正前民法）があり雨漏りが生じていることを理由に本工事残代金の請求を拒否していたところ、建設会社から当該残代金と追加工事代金の支払いを求めて提訴されたという事案です。依頼者の本拠は東京でしたが、訴訟は別荘の所在地を管轄する裁判所に係属していました。

受任に向けた相談を受けた際、建物にはさらに外壁の施工以外の瑕疵も複数見られるとのことであったため、瑕疵担保責任に基づく損害賠償請求を内容とする反訴の提起を検討することになりました。

反訴の準備がなかなか進まない

損害賠償請求のためには瑕疵の存在の裏付けと損害額の算定が必要でした。これには建築の専門家の協力が不可欠でしたが、地場の業者はそれほど多くなく、かつ、本件建物の施工会社が地場で有力な業者であることも影響してか、なかなか協力者を見つけることができませんでした。

そこで、東京の業者に協力を求めることにしましたが、その業者の多忙により、現地調査を行うまでに相当の日数を要し、さらにそこから修理見積もりを作成してもらうのに長い時間がかかってしまいました。

この間、本訴では、本工事の内容や追加工事の存否・代金額についての主張・反論が続いており、訴訟が停滞することはありませんでしたが、裁判所からはいつ反訴を出せるのかという確認がたびたびなされていました。

本訴提起後1年半での反訴提起

結局、反訴の提起ができたのは本訴提起後1年半程度経ってからでした。

この提起時には裁判所から特に指摘はありませんでした。そのため、私はもちろん提起が遅くなったなという思いはあったものの、無事に提起ができたことに対する安堵する気持ちの方が大きかったのを覚えています。その後も比較的淡々と争点整理が重ねられました。

裁判官からの思わぬ一言

争点整理が終盤に差しかかった頃、事件が調停に付され、調停委員の関与の下で話合いによる解決の途が探られました。双方の主張が激しく対立しており、調停による解決は困難かと思われましたが、裁判所の熱心な進行により粘り強く調停期日が重ねられました。

何度目かの調停期日において裁判所から調停案が示されました。しかし、当方の反訴請求について十分に認められたものとは評価できないものでした。そこで、期日において裁判所にその旨を指摘したところ、裁判官から「反訴のタイミングも遅かったので、反訴請求をどの程度本気で考えているかわからない。その点も考慮して調停案を検討した」という趣旨の発言がありました。

私は、反訴が適法になされて審理が問題なく進んでいたことから、その提起の時期が訴訟上問題となることはないと考えていました。まさか、調停期日での協議中に、裁判所から反訴のタイミングについて指摘を受けるなどとは思いもよらなかったのです。裁判官の発言を受けて、「反訴が遅れたのは、瑕疵の存在と損害額に関する資料の収集に時間を要しただけであり、それと請求の本気度とは無関係である」と述べるのが精一杯でした。

無事の調停成立

依頼者の強い意向もあり、裁判所の提示した案を受け入れることはできませんでした。それでも、裁判所と相手方と解決案を再検討し、時間をかけて協議を行ったことにより、最終的には依頼者にとっても満足のいく内容で調停を成立させることができました。

裁判官の上記発言を聞いてからは、当方に有利な解決は難しいだろうかと落ち着かない状態が続いていましたが、なんとか調停成立に至ることができてホッとしました。それとともに、反訴のタイミングが和解や調停の帰すうにも影響し得ることを肝に銘じておこうとあらためて思いました。

和解を見据えて反訴を提起する場面も多々あると思いますが、その時期についてもきちんと考える必要があるという教訓になる事件でした。

体験談 2

反訴による心理的影響

弁護士 6 年目　男性

原告の心持ち

訴訟は、通常、原告が、自らの権利の実現を求めて裁判所に提訴するものですから、原告が被告を攻めるという構造になっています。このような構造からすると、訴訟に至ったことで原告に生じるキャッシュアウトは、弁護士費用及び訴訟費用のみとなります。これらの費用は、訴訟提起前にも、弁護士との委任契約書や印紙の計算によって見えている費用です。裁判の結果次第で想定外のキャッシュアウトが生じることはありません。

したがって、原告は、弁護士費用及び訴訟費用以外のキャッシュアウトは生じないという心構えで訴訟を提起することが多いです。

攻める側から攻められる側に

しかしながら、原告として訴訟提起したにもかかわらず、弁護士費用及び訴訟費用以外のキャッシュアウトが生じる場合があります。それが、被告から、反訴を提起された場合です。この場合、当然のことではありますが、原告は、反訴被告とされ、相手方から、金銭の支払い等が求められることになります。したがって、判決の結果次第で、想定外のキャッシュアウトが生じ得るという状況に陥ります。

反訴を提起するメリット・デメリット

上記のように、反訴により、原告・被告間の構造に変化が生じます。反訴を提起された原告は不安に陥ります。場合によっては、本訴に係る権利関係を放棄してもよいから、訴訟を終了させたいという心理状態に陥ります。実際に、被告側の代理人として反訴を提起したことにより、ゼロ和解で終了した経験があります。これが反訴を提起するメリットです。

もっとも、反訴を提起することによるデメリットも存在します。それは、争点が増えることにより事件が長期化することです。反訴の訴訟物が、原告の権利の裏返しの場合には、かかるデメリットは生じませんが、本訴の訴訟物と反訴の訴訟物が異なる場合には、争点が増えることになってしまいます。争点が増えるということは、その分だけ、訴訟が長期化してしまいます。訴訟係属中は、弁護士も含め、関係者全員に相応の負荷がかかります。訴訟が長期化することは、関係者に相応の負担をかけるものであるといえるため、決して望ましいことではありません。私自身、過去に無理のある反訴を提起したことがありますが、その結果、訴訟が長期化したうえに、反訴の内容が和解にほとんど反映されず、単に訴訟が長期化しただけとなってしまいました。また、反訴を提起したことにより、一部攻める側に回ったことから、依頼者（被告側）の心理状態に変更が生じ、和解の説得が難しくなったという経験があります。

反訴による心理的影響

上記のように、反訴というのは、原告・被告双方の心理状態に影響を与えるものです。したがって、本訴を提起する場合には、反訴が提起される可能性がどの程度あるのか、反訴が提起された場合には、どのようなことが生じるのかを事前に予測し、反訴が提起される可能性が少しでもある場合には、その旨依頼者（原告）に説明をするようにしています。

被告側に立った場合には、反訴の余地がないのかを検討するとともに、反訴を提起した場合には、事件が長期化する可能性があることを依頼者（被告）に説明をするようにしています。

体験談 3

反訴によるゼロ和解での解決

弁護士７年目　男性

金銭借用証書の成立の真正に争いはない…

消費貸借契約に基づく貸金返還請求権及び履行遅滞に基づく損害賠償請求権を訴訟物とする裁判を提起された被告から依頼を受け、被告代理人としてその裁判に対応したことがありました（ほかにも訴訟物はありましたが、本稿での主題からはやや離れますのでここでは割愛します）。

依頼人は金銭借用証書に署名押印しており、消費貸借契約の成立そのものを争うことは一般的には困難な事案でした。返済は毎月一定額を支払うという形で長期間にわたって行われており、依頼人によれば金銭借用証書に記載されている借入額を超過して弁済しているのではないかとのことでした。依頼人としては払い過ぎているのではないかと思っていたものの、原告に問い合わせても返済総額を曖昧にされたために半信半疑のまま払い続けていたとの事情がありました。返済は振込みと手渡しによって実施されており、手渡しによる返済については裏付けとなる証拠がありませんでした。

不当利得に基づく返還請求の反訴を提起

依頼人には、超過して弁済している部分について不当利得に基づく利得金返還請求の反訴を提起することを提案しました（反訴状においては不当利得返還請求以外の他の請求もありましたが、ここでは割愛します）。反訴の提起を提案した理由としては、最終的に和解による解決を見据えた場合、請求されているだけでは請求額を減額するということしか俎上に上がらないため、有利な和解が望めないということがありました。前記のとおり、手渡しによる返済については裏付けとなる証拠がないため、請求がそのまま認容されるかといえば厳しいところもありましたが、和解も見据え事案に即した妥当な解決を図るための訴訟戦略としては反訴が必要であると判断しました。

幸い依頼人からもこのような方針で進めることに了解が得られましたので、不当利得に基づく利得金返還請求の反訴を提起しました。当然反訴にも単なる応訴費用とは別途に費用が発生しますので、依頼人には十分な説明をして納得していただきました。

ゼロ和解で解決！

原告は被告が返済を怠ったことよって期限の利益を喪失しているとして、残りの借入残高全額に遅延損害金が発生していることを前提としていました。これについて、裁判官からは裏付けのある部分の返済だけでも仮に期限の利益を喪失していないことを前提とすれば、過払いになっており、期限の利益を喪失しているか否かが重要な争点になってくるのではないかとの指摘を受けました。この点に関して付言すれば、金銭借用証書の条項から直ちには１回の返済を怠ると期限の利益を喪失するとは読み取れないという問題があり、原告側としても強気の訴訟を進められない事情がありました。

結局、裁判官と原告代理人のご尽力もあって、本事案は債権債務なしのゼロ和解で解決することができました。

「攻撃は最大の防御」と言いますが、私は本事案に限らず、反訴を積極的に活用するようにしています。反訴が認容されて逆にこちらが回収できたという事案もありましたが、たとえ主張がそのまま認められなかったとしても有利に和解しやすくなるという側面もあると思いますので、反訴する余地がないか検討することは大事だと思います。

ワンポイントアドバイス

反訴によって攻められるだけの立場ではなくなる

民事訴訟は、多くの場合、原告が被告に対して金銭的な請求を行います。この訴訟において原告が敗訴しても、経済的に失うものは裁判費用と弁護士報酬だけです。

反訴は、被告から原告に対して反撃を行うものです。これにより、被告は、攻められるだけの立場を脱し、原告を攻める立場を手に入れます。原告の立場にしてみれば、反訴が認容されてしまえば、本訴提起時には想定していなかった金銭的支出、経済的な負担を強いられることになります。原告に与える心理的な効果はとても強力です。

裁判所の視点に立ってみても、本訴がなされているだけの状態よりも、反訴請求がなされている方が、被告にも言い分があると強く感じることでしょう。そのためには、反訴が本気であると裁判所に感じさせる必要があります。

反訴を活用することで、被告は、原告の心理的にも、裁判所の心証的にも、大きく有利になれる可能性があります。その結果、有利な条件での和解を勝ち取りやすくなるといえるでしょう。

Method

10

裁判所を利用した証拠収集

▶ 証拠集めは心証形成のためだと理解する！

――弁護士は、訴訟等において主張の根拠となる事実がどのような証拠によって立証可能か常に考えなければならない。証拠が不十分な場合、①訴え提起前における証拠収集の処分、②証拠保全、③当事者照会、④調査嘱託、⑤文書送付嘱託、⑥文書提出命令等をうまく利用することにより、不足する証拠を収集することができる可能性がある。

民事訴訟法上の証拠収集処分

相談がなされると、弁護士としては、相談者の要望を実現するためにどのような手段・手続が適切かを考えるとともに、主張の根拠となる事実がどのような証拠によって立証可能かを考える必要があります。

民事訴訟における充実した審理の実現のためには、証拠収集方法が公平かつ充実したものであることが求められるため、民事訴訟法には証拠収集処分の各制度が設けられています。相談時には証拠が不十分であったとしても、証拠収集処分の各制度をうまく利用することによって、不足している証拠を集めることも可能となるため、十分に証拠収集処分の各制度を理解しておきましょう。

証拠収集処分の各制度のうち、代表的なものを簡単に紹介します。

①訴え提起前における証拠収集の処分（民事訴訟法132条の4）

書面により訴えの提起を予告する通知をした者及び返答をした被予告通知者は、「立証に必要であることが明らかな証拠となるべきもの」について、文書送付嘱託、調査嘱託、専門家の意見陳述の嘱託、執行官による現況調査の命令を申し立てることができます。

②証拠保全（民事訴訟法234条）

本来の証拠調べが行われるまで待っていたのでは、証拠調べが不可能又は困難になるおそれがある場合、あらかじめ証拠調べを行い、その結果を将来の訴訟において利用することができます。

証拠保全は、訴え提起前・後のどちらの段階でも利用することができます。

③当事者照会（民事訴訟法163条）

訴え提起後、主張又は立証を準備するために必要な事項について、裁判所を介さず、当事者間で直接に必要な情報を相手方に書面で照会することができます。

なお、当事者照会を訴えの提起前の段階まで拡大させた手続（民事訴訟法132条の2）も存在しますが、照会事項がより限定されるなど実効性に疑問があり、ほとんど利用されていません。

④調査嘱託（民事訴訟法186条）

裁判所に対し、官公署や学校、商工会議所、取引所などの公私の団体に対して、必要な調査を嘱託し回答を求めるよう申し立てることができます。後述の文書送付嘱託と並び、実務上、利用されることが多い手続です。

調査嘱託は、回答結果を裁判所が口頭弁論で提示し、当事者に意見陳述の機会を与えれば、証拠提出しなくとも証拠となります（検出）。

⑤文書送付嘱託（民事訴訟法226条）

裁判所に対し、文書の所有者に所有する文書の送付を嘱託するよう申し立てることができます。前記の調査嘱託と異なり、嘱託先は団体に限定されておらず個人も対象となりますが、証拠とするためには送付された文書を証拠提出する必要があります。

「判例タイムズ」1267号（2008年）にケース別の文書送付嘱託申立書のモデル書式が掲載されています（一部については、「LIBRA」2008年10月号にも転載されており、こちらはインターネット上で見ることができます）。

⑥文書提出命令（民事訴訟法223条1項）

文書提出義務は一般義務化されており、除外事由（民事訴訟法220条4号イ～ホ）に該当しない限り提出義務の対象となるため、裁判所に、決定で文書の所有者に対し文書の提出を命ずるよう申し立てることができます。

訴訟当事者が、文書提出命令に従わないとき又は相手方の使用を妨げる目的で文書を使用することができないようにしたときは、裁判所は、文書の記載に関する相手方の主張を真実と認めることができます（同法224条1項、2項）。第三者が文書提出命令に従わないときは、20万円以下の科料が科せられます（同法225条1項）。

体験談1

金融機関のミス

弁護士10年目　男性

お手軽な手続

弁護士になったときに、民事事件における裁判所を利用した証拠収集においてまず利用する手続は、調査嘱託や文書送付嘱託ではないでしょうか。そのうち調査嘱託は、回答結果を裁判所が口頭弁論で提示し、当事者に意見陳述の機会を与えれば、当事者が書証等として提出したり、援用したりすることなく証拠となりますので、一番お手軽な手続かもしれません。

しかし、ときにその回答結果が誤っていることがあるため、注意が必要です。私が受任した事件で、調査嘱託の回答が誤っていたケースがありますので紹介します。

財産の存在を隠していたために……

離婚事件で夫側の代理人になったときの話です。

離婚事件の財産分与ではよくあることですが、どちらかが婚姻関係財産の一部を隠していると、他方当事者から主張されることがあります。この訴訟では、妻側から、夫が預貯金の一部を隠しているとの主張がなされました。依頼者の説明どおりこの預貯金は存在しない旨の主張をしていましたが、婚姻前のメールに口座の存在をほのめかす記載があったことから、妻側が複数の金融機関に対する調査嘱託を申し立て、裁判所もこれを認めました。

調査嘱託の結果、調査嘱託がされた全ての金融機関から、口座が存在すること及びその残高の回答がありました。しかし、今度は、依頼者が、口座の存在は認めるものの、１つの口座の残高については間違っていると言い出したのです。そもそも、複数の口座の存在を隠していたことや、金融機関からの回答であることから、裁判官ははなから依頼者の話を聞こうとしません。当初は嘘をつかれていたわけですから、私も疑っている部分がありました。そこで、依頼者に問題となっている口座の残高証明書を取得してもらったところ、確かに調査嘱託の回答結果とは違った金額が記載されていたのです。

慌ててこの残高証明書を証拠として提出したところ、ようやく裁判官にも依頼者の話を聞くようになってもらえ、職権で金融機関に対し再度の調査嘱託が行われることになりました。再度の調査嘱託の結果は残高証明書のとおりで、最初の調査嘱託の回答が間違っていたことになります。

最初の調査嘱託の回答が間違っていた原因は、金融機関の担当者が、誤って、別居時の残高ではなく、調査嘱託が行われた日の残高を回答していたためで、後日、間違った回答をした金融機関の支店長から直々に謝罪の電話がありました。

財産を隠していた理由は

そもそも、最初から預貯金の存在を隠していなければこのような事態にはならなかったのですが、依頼者が預貯金の存在を隠していた理由は、その口座に相手方には知られたくない別居後の送金があったからでした。財産分与の時点は別居時であり、通帳を提示しなくとも別居時の残高証明書を提示すれば足りることを、依頼者にきちんと説明しておけばよかったと反省しています。

この事件では回答結果に間違いがあることがわかり、よかったですが、金額の違いが大きくなければ気づかないこともあり得るため、調査嘱託の回答結果であったとしても鵜呑みにせず、念のため依頼者に確認をすべきという教訓を得ることができました。

体験談 2

文書提出命令申立の効用？

弁護士 7 年目　男性

事例検討会の記録についての文書提出命令申立

患者の代理人として医療訴訟事件を受任し、その手続において被告である医療機関が実施した事例検討会の記録の文書提出命令申立をしたことがありました。

ご存じのとおり、民事訴訟法は 220 条 4 号により文書提出義務は一般的な義務とされ、同号が定めるイないしホの除外事由に該当しない限り、文書の所持者に提出義務が認められることになります。

本件では、事例検討会の記録が同号ニにおいて定められている「専ら文書の所持者の利用に供するための文書（国又は地方公共団体が所持する文書にあっては、公務員が組織的に用いるものを除く）」（いわゆる自己利用文書）に該当するか争いとなりました。

自己利用文書に該当するか

自己利用文書該当性については、「ある文書が、その作成目的、記載内容、これを現在の所持者が所持するに至るまでの経緯、その他の事情から判断して、専ら内部の者の利用に供する目的で作成され、外部の者に開示することが予定されていない文書であって、開示されると個人のプライバシーが侵害されたり個人ないし団体の自由な意思形成が阻害されたりするなど、開示によって所持者の側に看過し難い不利益が生ずるおそれがあると認められる場合には、特段の事情がない限り、当該文書は民訴法 220 条 4 号ハ（平成 13 年法律第 96 号による改正後のニ）所定の『専ら文書の所持者の利用に供するための文書』に当たると解するのが相当である」と判示した著明な判例（最判平成 11 年 11 月 12 日民集 53 巻 8 号 1787 頁〔28042656〕）があります。

被告は、この判例を根拠に事例検討会の記録は外部の者に開示することが予定されておらず、また開示によって医療機関の自由な意思形成が阻害され、看過し難い不利益が生ずるおそれがあるから、文書提出命令の申立ては却下されるべきであると主張しました（予想された主張ではありました）。

これに対し、こちらは医療事故経過報告書に対する文書提出命令の申立てについて、報告提言部分の提出を命ずる限度で理由があり、事情聴取部分に係る申立ては却下されるべきであると判断した東京高決平成 15 年 7 月 15 日判タ 1145 号 298 頁〔28090517〕を挙げて、本件の経過や原因についての検討結果は原告に明らかにされることが予定されているから、少なくとも本件の経過や原因についての検討結果部分については文書提出命令の申立てが認められるとして、本件文書が自己利用文書に該当するのか判断するためにインカメラ手続を実施すべきであると主張しました（民事訴訟法 223 条 6 項）。

インカメラ手続の実施

裁判所は、インカメラ手続を実施すべきであるとのこちらの主張を認め、同手続を実施しました。

インカメラ手続が実施された後に示された裁判官の見解は、こちら（原告）が指摘した裁判例は報告提言部分と事情聴取部分が区分されていることが前提となっているが、本記録は原告に対する説明の部分とそれ以外の部分が混在しており、その一部のみの開示を求めることは難しいというものでした。

裁判官から見解が示されたことを受けて、こちらとしては、正式に却下決定を出すのであれば即時抗告（民事訴訟法 223 条 7 項）をする可能性があることを伝えました。

文書提出命令を申し立てることの影響？

結局、本訴訟は和解が成立し、文書提出命令の申立てについての最終的な結論は出ないままに終わりました。文書提出命令の申立てがこの訴訟の帰すうに何かしら影響したのかはよくわからないところではあります。

ただインカメラ手続が実施されれば、裁判官は当該文書を実際に見ることになります。もちろんインカメラ手続は証拠調べではない以上、裁判官がこれにより心証形成することはありませんが（民事訴訟法 247 条参照）、裁判官の和解勧試に何かしらの事実上の影響を及ぼすことは否定できないかもしれません。

また文書提出命令申立について提出命令あるいは却下のいずれの決定を出すにせよ、即時抗告がなされれば記録は抗告審裁判所（高裁）に移ることになりますから、その分審理が長期化するおそれがあります。このような事態が第一審裁判所にとって好ましくないことも否定できないのではないかと思われます。

ワンポイントアドバイス

裁判所を利用した証拠収集は、裁判官の心証形成に大きな影響を与える

裁判所を利用した証拠収集の最大の特徴は、手続に裁判官が関与するため、裁判官の心証形成に大きな影響を与えるということです。

体験談１では、相手方からの調査嘱託への金融機関からの回答内容が依頼者に不利なものであったため、裁判官の心証がいったんは相手方に大きく傾いてしまいました。しかし、回答結果が間違っているという珍しい事態を立証できたことで、なんとか裁判官の心証を取り戻すことができました。

体験談２では、文書提出命令の申立てへの結論が出る前に和解が成立しましたが、インカメラ手続が行われています。このインカメラ手続は証拠調べではないため、心証形成の基礎とはならないことが建前です。しかし、裁判官も人間である以上、そこで得た感触を心証形成から完全に切り離すことは困難ではないかと思われます。

裁判所を利用することなく依頼者の主張を支えられるだけの主張を集めることが最善ではありますが、裁判所を利用した証拠収集が行われる場合には、裁判官の心証形成に大きな影響が及び得ることに留意する必要があります。

Method

11

尋問準備

尋問成功のために入念な準備を！

――証人尋問や本人質問は争点整理終了後に行われる証拠調べの方法である。尋問は当事者間の主張の隔たりが大きい場合に行われることが多く、裁判官の心証形成に大きな影響を与えるため、裁判の花形ともいわれる。また、尋問を受ける当事者や証人にとっては、尋問は、非日常的な極度の緊張を強いられる空間である。弁護士には、尋問で何を立証したいのかを明確にしたうえで、緊張している当事者や証人から、必要となる発言を引き出すために入念な準備を行うことが求められる。

尋問の意義

尋問は、争点整理及び証拠の整理が終了した段階で集中証拠調べとして行われるのが原則です（民事訴訟法182条）。したがって、尋問は第一審手続の最終段階に行われることが多いといえます。和解の可能性がある事件では、尋問前に裁判所より和解協議の提案がなされることが多いことから、尋問が行われる事件は、（あくまで主観ですが）当事者の主張の隔離が大きい事件であるといえます。

そして、原則、尋問後には、（最終準備書面を除き）当事者が主張を述べる機会はないことから、尋問は、当事者の主張を明確にし、裁判所を説得する最後の機会といえます。

陳述書・証拠申出書の作成及び提出

尋問の日程が決定したら、裁判所に対し、尋問予定者の陳述書及び証拠申出書を提出する必要があります。陳述書は、裁判所に対し、当方が主張するストーリーを明らかにするもので、主として、①主尋問代替機能及び、②供述事前開示機能を有しているとされいます。したがって、争点だけでなく、争いのない事実もストーリーの一部としてきちんと記載することが必要です。

尋問の非日常性

尋問は、法廷において、裁判官・弁護士に囲まれて、宣誓を行ったうえで行われる手続であることから、本人及び証人にとっては、非日常的な手続です。尋問の際に、本人及び証人が緊張することは当然のことですから、尋問を行う側としては、本人及び証人が非常に緊張して、打合せのときとは異なる心理状態にいることを認識する必要があります。

打合せのときとは異なる心理状態にある本人及び証人から適切な証言を引き出すことになるので、尋問前には、それを踏まえた準備が必要となります。

立証事項の確認

上記のとおり、尋問は、争点整理及び証拠の整理が終了した段階で行われるものであるため、尋問において立証しなければならない事項について、きちんと確認しておく必要があります。

時系列表の作成

尋問は、当方のストーリーを明らかにするものであることから、時系列に沿って行う必要があります。同じ事実でもその事実がいつ行われたかによって、意味合いが180度異なる場合もあります。時系列を間違えた尋問を行った場合、裁判官に全く異なる印象を与えるため、事実の前後関係を尋問前に把握しておくことが重要です。

尋問事項書の作成

尋問は、限られた時間の中で行うものであることから、争いのない事実については、簡略的に、争点に関する事項を中心に尋問していく必要があります。証人尋問は、尋問を受ける者だけでなく、尋問を行う弁護士も緊張するものであることから、尋問事項書を作成しないで尋問を行った場合、争いのない事実を重点的に聞いてしまう等の事態が生じる可能性があります。また、尋問事項書を事前に作成し、尋問予定者に事前に共有することによって、どのような質問が来るのか、その質問に対し、どのように回答すればよいのかを尋問予定者が把握することができますので、尋問本番に想定外の回答がなされるリスクを低減することができます。

リハーサルを必ず行うこと

尋問は非日常的な空間であることから、尋問を受ける者は緊張状態にあることが通常です。リハーサルなしで本番を迎えた場合、緊張によりこれまでとは異なる証言をしてしまうリスクがあります。また、事前に尋問事項書を配布したとしても、緊張で回答が飛んでしまう可能性があります。

リハーサルを行うことで、どのような質問を行えば尋問を受ける者がどのような回答を行うかを把握することができ、より精度の高い尋問事項書を作成することができます。

このように、リハーサルは、想定外の回答の防止、尋問を受ける者の記憶の定着及び回答傾向の把握等のメリットがあることから非常に重要なものです。

示す書面の整理

尋問の際に、書面を示す場合があります。尋問は、限られた時間の中で、流れに沿って行うものであることから、尋問の前に、尋問の際に示す書面を整理し、尋問本番において、直ちに書面を占めることができるようにしておく必要があります。これを怠った場合、無駄な時間を消費することになりますし、空いた時間で尋問を受ける者が回答を忘れてしまうリスクがあります。

体験談 1

その尋問事項は必須ですか?

弁護士 10 年目　女性

難航必至の尋問

弁護士になって２年目か３年目の頃、初めて１人で尋問を担当することになりました。依頼者は、以前自分が勤務していた会社の上司や同僚からパワーハラスメント被害を受けたと主張して、会社に対し損害賠償請求をしていました。依頼者は精神的な疾患を抱えておられ、コミュニケーションがとりづらいという状態でした。提訴後、裁判官から何度か和解勧試がありましたが、提案額は依頼者の希望額に遠く及ばず和解の成立は絶望的で、尋問は不可避でした。

尋問期日が決まると、私は、それまでの打合せにも増して時間をかけて依頼者と尋問の練習を行いました。しかし、どんなに練習しても、制限時間内で用意している尋問事項全てに答えてもらうことはできませんでした。尋問期日の直前になって、どうにか一通り答えてもらえるようになったという状態でした。この時点ですでに、尋問が難航することは必至でした。

穴があったら入りたい

尋問期日当日。私は、朝起きた時からすでに緊張していて、直前になるとお腹が痛くてしょうがないという状況でした。元来あがり症であるうえ、１人で尋問を担当するのはこれが初めて、依頼者との練習もうまくいった試しがないと来れば、もはや落ち着きようもありません。裁判所のロビーで待ち合わせた依頼者もとても緊張した面持ちで、明らかに平常ではありませんでした。

法廷に入ると、被告代理人の弁護団が顔を揃えていました。担当のベテラン裁判官が鋭い目つきで入廷すると、私の頭は真っ白になりました。

証人尋問、被告の当事者尋問が終わると、いよいよ依頼者の番が来ました。依頼者は、初めのうちは私の質問に順調に答えていました。ところが、徐々に興奮状態になり、1つの質問に対し長々と答えるようになりました。時間は押していくばかりです。私は、依頼者に何度も「質問には簡潔に答えてください。問われたことにだけ答えてください」と注意しましたが、もはやその言葉は依頼者の耳には届いていませんでした。持ち時間の半分以上が過ぎた時点で、まだ本題にも入っていないという有様でした。裁判官には、「代理人、そこはもうよいから、本件の争点に絞って質問してください」と指摘されました。私は心の中で「私だってそうしたいのです！」と叫びましたが、依頼者をコントロールすることはもはや不可能でした。結局、依頼者に答えてもらいたかったことの半分も答えてもらえないまま時間切れとなり、尋問は大失敗に終わりました。

敗因は準備不足

尋問後、裁判官から再度和解を提案されましたが、依頼者は和解金額に納得せず、結局裁判は敗訴で終わりました。私はといえば、あまりに酷い尋問の有様に落ち込み、これを機にすっかり尋問恐怖症に陥りました。

ある飲み会の席で同席した先輩弁護士にこの話をしたところ、難しい尋問が見込まれる事件では、たとえ事件の途中からであっても複数人で受任するようにし、尋問の時には相代理人とチェックし合うようにするとよいと助言していただきました。また、たとえ苦痛であったとしても、失敗した尋問の調書は読み返して、尋問の敗因を分析しておいた方がよいとも助言していただきました。

そこで、意を決して調書を読んでみると、「尋問のターゲットを絞り込めていなかったこと」が敗因であることがわかりました。人証は、書証では立証できない事実あるいは書証と書証をつなぐ事実を証明する証拠であり、時間の制約がある中で効果的な証明を行おうとすれば、尋問事項は自ずと限られてきます。まして、私の依頼者のように尋問すること自体が難しいケースでは、尋問事項を限りなく削ぎ落し、どうしても証明しなければならない必須事項に限って尋問することが重要でした。そうであるにもかかわらず、私は、事前に必須事項を絞り込み、思い切って無駄な尋問事項を削ぎ落すという決断ができていなかったのです。そのせいで、不必要な質問や同じような質問を繰り返して時間を浪費してしまい、結果時間切れになってしまったのでした。これではうまくいくはずなどありません。

尋問の獲得目標は何か、その目標を達成するために必須の尋問事項は何なのか。これを明確にして尋問が臨むことが、成功の鍵であるということを知った、苦くも有意義な経験となりました。

体験談 2

公証人の証人尋問

弁護士６年目　男性

遺言能力が争点になった事案

弁護士になって２年目の頃、相続案件を受任することとなりました。この案件では被相続人の公正証書遺言が存在しましたが、被相続人は公正証書遺言作成時には、認知症に陥っていました。公正証書遺言の内容は、兄弟２人のうち１人に全てを相続させるというものでした。

さらに、公正証書遺言が作成された際には、財産を全て譲り受ける相続人が、公正証書遺言案の作成から公証人との日程調整までを行っているという案件でした。このような状況であったことから、兄弟間でもめることはある意味必定でした。

なお、私の依頼者は、相続財産の全てを譲り受ける相続人でした。

調整不成立、裁判へ

被相続人が亡くなり、依頼者が、相手方に対して、公正証書遺言を開示したところ、相手方が憤慨し、双方に代理人が就任し、交渉が開始されました。

公正証書遺言の有効性が争点になり、両者の見解が全く異なることから交渉は成立せず、調停が行われましたが、これも不成立になりました。

そこで、相手方は、依頼者に対し、遺言無効確認の訴えを提起しました。

公証人の証人尋問

裁判においても、双方の妥協点を見いだすことができなかったために、証人尋問が行われることとなりました。

そこで、当方からは、公証人の証人尋問を申し出ることになりました。その前提として、公証人との間で、意思確認のための打合せを行うこととなりました。

かかる打合せの場においては、公証人は、簡単に話をしてくれましたが、中立性の観点から最初は証人尋問の場に立つことについては後ろ向きでした。なんとか説得をして、公証人に尋問を承諾いただきましたが、細部については、尋問の場で答えるということで、回答してもらえませんでした。事前の準備がほとんどできないということになりますから、私自身は、非常に不安になりました。

その後、証人尋問が決定したために、公証人にその旨連絡したところ、証人尋問の際に示してほしいと言われ、当時のメモ等を受領しました。

かかるメモを確認したところ、被相続人が、公証人との２人の打合せで、事前に依頼者が作成した案をどのような理由で修正したのか等が詳細に記載されていました。

証人尋問においても、その点を中心に確認したところ、遺言能力の存在が認められ、勝訴的和解を行いました。

遺言の遺言能力が争いになる事案というのは、これからも増えると思いますが、やはり、公証人という第三者を挟んだ手続を踏むこと、公証人には、尋問の場に出てもらうということが重要であることを認識しました。

体験談 3

本当に大丈夫？

弁護 10 年目　女性

主尋問の準備

ある訴訟の代理人となったときの話です。

裁判所からは何度か和解の話がありましたが、なかなか折り合わず、当事者双方の尋問をすることになりました。

私は、主尋問の準備として、質問と想定される回答を記載した尋問事項を作成し、依頼者と打合せをすることとしました。

1回目の打合せ

依頼者は、裁判には全く縁がなく、初めての尋問ということでしたので、尋問の練習の前に、まずは、法廷の様子を説明したうえで、尋問の流れや注意事項を説明しました。

その後、尋問事項を渡し、依頼者と、その書面を見ながら質問と回答の練習をしました。

依頼者は、書面を見ながらではありましたが、それなりに回答できていたことから、私も、もう1回くらい練習すれば大丈夫だろうと思っていました。

そこで、本番は書面を見て回答することはできないことを念押ししたうえで、次回の打合せの日程を決めて、その日は終わりました。

2回目の打合せ

2回目の打合せは、尋問期日の前日で、1回目と同じように、尋問の練習をしました。

依頼者は、尋問事項を見ながら、最初はスムーズに回答できていたのですが、途中で、回答が、質問に対する回答としては言葉足らずと思われたため、私はその回答を引き出すために、尋問事項には記載していなかった質問をしました。

すると、今まではスムーズに答えることができていた依頼者が、突然「わからないです」と言って、回答できなくなってしまいました。

私がした質問は、依頼者が実際に体験していたことについてでしたし、陳述書や、尋問事項にも、質問の仕方は異なるものの回答案は記載していたものでしたので、質問を聞いていれば簡単に回答できるはずのものでした。

しかし、依頼者は、私が作成した尋問事項をそのまま丸暗記することに意識が向いていたようで、突然、尋問事項に記載のない質問をされたことで、混乱してしまったようでした。

そこで、依頼者に対し、尋問事項はそのまま丸暗記するものではないこと、主尋問では依頼者が実際に体験したことを聞くので質問をよく聞いてもらえれば尋問事項の内容を覚えていなくとも回答できる内容であること、尋問事項を記載した書面は法廷には持ち込めないので、依頼者の回答が不足すると思われる場合には、補充で質問をすることがあるということなどを再度説明しました。また、先ほど答えられなかった回答についても、もう一度陳述書等を見るなどして一緒に確認したところ、ようやく理解していただけたようでした。

尋問期日前日だったため、これ以上打合せをすることができず、不安を残したうえで、その日は終了しました。

しかし、尋問期日当日は、私の心配をよそに、依頼者は一転して落ち着いて回答することができ、結局尋問はうまくいったので一安心でした。

準備の工夫

尋問は、われわれにとってはよくあることかもしれませんが、一般の方にとっては、めったにあることではありません。また、打合せの際にはうまく回答できても、法廷となると緊張してしまい、練習どおりの回答ができなくなってしまう方もいるかと思います。

依頼者の不安を取り除くためにも、まず、本番の雰囲気をつかんでもらうことが大事かと思いますので、法廷の様子や当日の流れについてはきちんと説明をする必要があると考えます。

また、今回は打合せで、偶然、私が尋問事項に記載のない質問をしたことによって、本番前に修正することができましたが、これが本番だったら大変だったと思います。

打合せの際、依頼者が尋問事項を見ながら回答していたことはわかっていたので、事前の説明や尋問練習の方法など、もっと工夫していればよかったと反省しました。

ワンポイントアドバイス

何を聞くために誰を呼び、どのように答えてもらうかをよく考える

尋問では、何を立証したいのか、そのために何を聞きたいのかを考えることが重要です。特に、体験談1のように尋問の難航が予想される場合には、優先順位をつけて、最低限明らかにしたいことをよく考えておく必要があります。

誰を呼び出すのかの選択も重要です。体験談2のような事案では、公正証書遺言を作成した公証人は強力な味方となり得る存在ですが、中立性を重んじるため、せっかく呼び出したのに相手を利してしまうリスクもあります。事前の打合せは必須です。

尋問は、呼び出される当事者や証人にとっては、一生に一度あるかないかの非日常的な空間です。極度の緊張の中では、口数が増えたり興奮して攻撃的になったり混乱して何も答えられなくなったり、日常生活におけるコミュニケーションとは全く異なる応答がなされがちです。その中でも必要な発言をしてもらうためには、体験談3にあるような、工夫をこらした事前準備が必要です。

尋問は、裁判の花形といわれることもある民事訴訟におけるクライマックスです。裁判官の心証形成に与える影響はとても大きいため、これ以上ないほどの入念な準備をして挑むことが求められます。

Method

12 尋問当日に行うこと

▶ 証言台を制するものは裁判を制す！

——尋問はまるで生き物である。尋問期日前にどんなに入念な準備をしてもシナリオどおりに進むとは限らない。そこで、尋問期日当日の対応スキルやどう転がっても有利に進む質問スキルもしっかり磨くことが求められる。また、いくつかある尋問方式に精通することも求められる。

尋問事項に関する規定

尋問当日に行うべきこととしては、供述者・証言者の様子の確認・裁判官の反応の確認はもちろん、事前には判明していない相手方の尋問内容や質問の仕方・内容に異議事由があるかどうか等です。

異議事由など尋問当日の質問の仕方に関するルールは民事訴訟規則113条ないし116条に具体的に定められています。これらは相手方の尋問を制し、本人・証人を守るために押さえておくべきことになります。

また、これらの規定は見方を変えると、相手の質問内容をあらかじめ制することにもつながります。

反対尋問へのアプローチ

反対尋問は、相手方が準備するものとはいえ、争点整理後になされるものですので、ある程度の想定は可能ともいえますが、主尋問ほどのものにはなりません。そこで、尋問当日を想定内に少しでも近づけるよう、どのような供述・証言であったとしても有利になるような尋問事項を構成するというもの１つの手法といえます。

尋問期日の実施方法

尋問は、民事訴訟における直接主義の最たるものですので、裁判官・当事者らが一堂に会し相対する方式でなされることが予定されています(民事訴訟法２編４章２節、３節)。しかし、一堂に会することによるデメリット（証言者の不利益等）を考慮して一堂に会し相対する以外の方式をとることもあります（遮蔽措置、ビデオリンク方式等)。直接主義を維持しつつ、証言の内容の担保を確保する方法はそれぞれに異なりますので、注意が必要です。

体験談１

尋問はやることがいっぱい！

弁護士７年目　男性

主尋問の効果的な構成方法

私が弁護士登録をして間もない頃、尋問の仕方がわからず、自信を持って「尋問が得意」ということができませんでした。

例えば、主尋問の質問は何を意識して構成したらよいかわからず、初めて尋問を行ったときの主尋問では「陳述書の内容を一問一答形式で聞くだけの尋問」をやってしまっていたように思います。

陳述書をなぞるだけの尋問であれば、陳述書を提出するだけで足りるはずであり、あえて尋問で聞く必要性は高くありません。

私が主尋問の構成の仕方に気づいたきっかけは、弁護士登録２年目に経験した反対尋問における出来事にありました。不貞行為に基づく損害賠償請求事件を担当したときのことです。

依頼者（原告）は不貞行為の被害を受けた女性であり、相手方（被告）は依頼者の配偶者と不貞行為を行った女性でした。原告と配偶者との婚姻関係が不貞行為時に破綻していたか否かが争点でした。

私は当事者尋問前に原告と尋問の実践練習を重ねるうちに、原告から、被告の主張と相反する証拠とエピソードを聴取することができました。

そこで私は、尋問期日１週間前に証拠を追加提出し、主尋問本番では、追加提出した証拠に基づくエピソードを原告に話してもらう構成をとりました。

その後、主尋問を終えて被告代理人の反対尋問になったとき、被告代理人は、なんと「反対尋問は結構です」とのみ述べ、原告の証言の信用性を弾劾されることなく尋問を終えることができました。

民事訴訟規則には「既にした質問と重複する質問」（民事訴訟規則115条２項３号）をしてはならないルールが定められています。

尋問当時の私は民事訴訟規則を意識していたものではなく、成功したことは偶然の賜物ではありましたが、今思えば、私は、この事件において「反対尋問で聞かれることを先に主尋問で聞いたことによって、効果的に民事訴訟規則を用いて、相手方からの信用性の弾劾を防ぐことができた」といえます。

私の主尋問の構成方法は１つの回答例にすぎませんが、主尋問の構成を考えるときの参考にしていただければ幸いです。

相手方の主尋問は忙しい！？

一方で、私自身、民事訴訟規則の制約によって恥ずかしい思いをしたこともあります。交通事故に基づく損害賠償請求事件を担当したときのことです。

依頼者（原告）は被害者であり、相手方（被告）は加害者です。争点は、不法行為と損害との間の因果関係でした。

原告の尋問を終えて、被告の尋問の順番になったとき、私は被告の主尋問中、被告が不当に「誘導尋問」（民事訴訟規則115条2項2号）をしないかにのみ集中し、特にメモを取らずに主尋問を聞いていました。

被告の主尋問を終え反対尋問の順番になり、事前に準備した反対尋問メモに基づいて質問をし始めました。

ところが、裁判所より早々に「その質問は主尋問における質問と重複しています。質問を撤回してください」との指摘が入ってしまいました。今度は、私自身が「既にした質問と重複する質問」（民事訴訟規則115条2項3号）をしてはならない制約に縛られる結果になったのです。

結局、その場で主尋問において聞いていない内容を抽出したり、追加で質問を書き足したりして再構成しなければならず、非常に手間取った記憶があります。

この経験から、私は、相手方の主尋問においては、相手方が民事訴訟規則のルールに反する質問をしていないかをチェックするだけではなく、事前に準備しておいた反対尋問メモの内容をチェックし、主尋問においてなされた質問を削除するとともに、新たに疑問に思った質問を追加して再構成する等のさまざまな対応が要求されることに気づきました。

相手方の主尋問は、リスニングテストのようにメモを取ったり、質問内容を考えたりしなくてはならないので、私のように反対尋問で焦ることのないようにしてほしいと思います。

尋問をおそれるな！

このように、尋問は、相手の反論を予測しながら準備を進める必要があり、当日も臨機応変な対応が求められる大変な業務です。

しかし、尋問は、弁護士としての経験値の差が顕著に現れる場面であるとともに、尋問の結果次第では形勢が大逆転することさえあります。

ぜひ、さまざまな事件の尋問を経験して「尋問が得意です」と自信を持って答えられる弁護士を一緒に目指していきましょう。

体験談 2

客観的証拠や相手方の主張と矛盾する証言を引き出す

弁護士７年目　男性

反対尋問において力点を置いていること

証人尋問及び当事者尋問はその訴訟の帰すうを決するといっても過言ではない証拠調べ手続であり、特に反対尋問は相手方の主張を切り崩すことができるチャンスであるといえます。

私は反対尋問においては、客観的証拠や相手方の主張と矛盾する証言をさせることに力点を置いています。

証人（あるいは当事者）が尋問において客観的証拠と矛盾する証言をすれば、それだけで裁判官にこの証人（あるいは当事者）の言っていることは信用できないと印象付けることができます。

また、相手方が申請した証人（あるいは当事者）が相手方の主張と矛盾する証言をすれば、それだけで相手方の主張は崩れることになります。

以下において私が経験した反対尋問を紹介します。

不貞行為の写真

原告の不貞行為が争点となっていた訴訟の尋問の話です。私は被告の代理人として、原告に対して反対尋問をしました。

原告は本訴訟において、不貞行為をしたことは認めるが、それは1回きりであるとの主張をしていました。こちらは、原告が撮影した不貞行為の相手方が写っている2枚の写真を証拠として提出していましたが、写真に写っているそれぞれのベッドは明らかに違うものでした（つまりこの2枚の写真は違う場所で撮影されたものということになります）。私は、この2枚の写真は同じときに撮ったものなのか質問したところ、原告は「そう思う」と答えました。この原告の証言は、上記2枚の写真と矛盾していることは明らかであり、この証言によって裁判官に原告の言っていることは信用できないと印象付けることができたと思います。

仮に原告が「同じときに撮ったものではない」と答えていたとすれば、原告の不貞行為は1回きりであるとの主張は崩れることになり、したがって、私がした質問は原告がどう答えていたとしても、こちらにとって有利になる質問だったことになります。

無償の合意？

自動車の修理代金を請求していた訴訟の反対尋問の話です。その修理は部品代だけで100万円近い費用のかかるものだったのですが、相手方（被告）は無償で修理するとの合意があったと主張していました。もっともこれだけ部品が高額であるにもかかわらず、無償の合意があったとは通常考えられず、被告の主張に無理があるのは明らかでした。

私は、被告が申請した証人の反対尋問において「証人は無償でその修理をやってもらえると思っていたのか」と質問しました。そうすると、その証人の答えは「そうは思っていない」というもので、これにより被告の主張は崩れることになりました。

この場合も、証人が逆に無償でやってもらえると思っていたと答えていれば、証人は常識に反することを言っていると裁判官に印象付けることができ、いずれにせよこちらにとって有利になる質問だったと思います。

裁判官に印象付ける！

紹介した２つの訴訟は、いずれもこちらによい結果となりました。

反対尋問は当然のことながらその相手を言い負かす必要はなく、むしろ裁判官に対して、この証人（あるいは当事者）は事実と違うこと（客観的証拠と矛盾すること）を言っている、社会常識からずれていることを言っている、相手方の主張と矛盾することを言っていると印象付けることが大事なのではないかと考えています。

その意味で、相手方の主張や双方の証拠をよく分析して、反対尋問事項を組み立てていくことを心がけています。

体験談３

ビデオリンク方式

弁護士４年目　男性

制度自体は知れども

民事訴訟法204条は、「証人が遠隔の地に居住するとき」（同条１号）、又は「事案の性質、証人の年齢又は心身の状態、証人と当事者本人又はその法定代理人との関係その他の事情により、証人が裁判長及び当事者が証人を尋問するために在席する場所において陳述するときは圧迫を受け精神の平穏を著しく害されるおそれがあると認める場合であって、相当と認めるとき」（同条２号）には、映像等の送受信による通話の方法によって証人尋問をすることができることを定めています（ビデオリンク方式による尋問）。ビデオリンク方式による証人尋問は、平成20年４月１日施行の改正民事訴訟法に明記されたものですが、実際にこれを利用した証人尋問を行ったことがある方はさほど多くないのではないでしょうか。

遠隔地に住む証人

被告が複数の共同訴訟の事件で、被告のうちの１人が申請した証人が係属裁判所から遠隔地に居住する方でした。当該証人の方は高齢で、遠隔の係属裁判所に出頭することも困難なように思われました。そのような事情もあってか、裁判所は、当該証人についてはビデオリンク方式による尋問を行う決定を出しました。私にとっては初めてのビデオリンク方式の尋問でした。

ここ最近は、コロナの影響もあって、裁判手続のリモート対応化が急速に進んだ印象があります。ただ、私の経験では、当該証人よりも係属裁判所から遠隔地に居住する証人についても、ビデオリンク方式による尋問ではなく、受命裁判官等による証人尋問（民事訴訟法195条）として裁判所外の場所で証人尋問を行ったことがあり、裁判所はビデオリンク方式の証人尋問に消極的であるという印象でしたので、ビデオリンク方式での尋問決定に少なからず驚きを覚えました。

証人と代理人の出頭場所は別！

ビデオリンク方式の尋問で注意が必要なことは、証人が出頭する場所と代理人（尋問者）が出頭する場所は別だということです。

ビデオリンク方式で尋問を行うためには、係属裁判所と映像等の送受信ができる機材環境等が必要ですから、証人は基本的には居住地を管轄する地裁に出頭を求められます。しかし、証人尋問を実施する裁判所は係属裁判所ですから、当該証人以外の他の当事者・代理人は係属裁判所に出頭する必要があります（民事訴訟規則123条参照)。当該証人を申請した当事者・代理人も同じです。ビデオリンクで証言をする証人の近くに関係者がいると、証人に指示や示唆を与えたりすることを防ぐことが困難であり、公平を確保できないという理由からも、代理人は全員裁判官と同じ場所に在廷することが求められます。

その他の点では、その場に証人がいないとはいえ、Web会議の経験があればビデオリンク方式の尋問に戸惑うことは少ないのではないでしょうか。証人尋問では、証人の顔色や様子を見ながら臨機応変に質問の仕方を変えたりすることがあり、そういった意味では面前での証人尋問より雰囲気をつかみづらいという面は否定できません。ただ、コロナ対策で証人はマスク着用を求められており、面前でもその表情の変化などは確認しづらいでしょう。

まさかの代理人不出頭

さて、尋問期日当日、私や他の当事者の代理人は係属裁判所に集まったのですが、時間になっても肝心の当該証人を申請した代理人の姿が見えません。「来ないですねえ」「まさかねえ」等と裁判所書記官と話をしながら、書記官が接続確認のためにビデオ会議をつないだところ、画面には証人と代理人がカメラ前の席に座って待っていました。普段の証人尋問の「同行」気分だったのでしょう。弁護士としては証人が期日に時間どおりに出頭してくれるか不安がありますから、気持ちはわかります。

まさかの事態でしたが、裁判所からは淡々と当該代理人は不出頭の扱いとなることの説明があり、手続が終わるまで別の部屋で待っているように指示が出されました。代理人もビデオの向こうで「ああ、そうでしたか」と何事もないかのように堂々と対応していました。不測の事態でもあたふたせずに対応する姿は立派でした。

ともかく代理人は不出頭ですから主尋問に関与できません。そこで裁判官が代わりに、証拠申出書に記載の尋問事項をもとに主尋問を行いました。裁判官の主尋問は上手で要領がよいものした。

ワンポイントアドバイス

尋問期日を可能な限りコントロールする

確かに、尋問は経験がものをいう側面は否定できません。しかし、尋問といえど法に則ったルールがあるのですから、あらためて条文・規則を理解し、体験談を聞く・読むことで補うことは十分可能です。

体験談1では、質問の制限の規定である民事訴訟規則115条2項3号「既にした質問と重複する質問」によって、相手の反対尋問を封じた経験です。翻って当日の反対尋問で慌てる要素にもなるので、反対尋問質問事項の調整をやるべきというものです。

体験談２では、反対尋問において供述内容・証言内容がどちらであっても有利に働くようにしたというものです。反対尋問の目的という意味でも有益な示唆がある体験です。

体験談３は、ビデオリンク方式の注意点ですが、出頭場所を間違えると代理人が手続関与できなくなり、準備が無駄になるだけではなく、依頼者との信頼関係を壊しかねない結果をもたらすこともあるので注意が必要です。

Method

13 書証の成立の真正・二段の推定

▸ 推定規定を打ち破れ！

――実務において、書証は言うまでもなく重要である。その証明力は、判例・経験則・法によって担保され、紛争の帰すうを決することも珍しくない。それゆえ、依頼者の主張を基礎付け方針を決めるうえでも書証の有無の確認は必須である。そのような書証の証明力が崩れるのはどんなときだろうか。それを理解しておくことは事案の見通しで想定外を回避するためにも不可欠であるといえる。

書証とは

書証とは、民事訴訟法上、文書の意味内容を証拠資料とするための証拠調べ手続をいいます（民事訴訟法219～231条）。

ただ、実務上は、証拠調べの対象という意味で証拠方法の１つを指すこともあります。ここでは、書証という証拠調べの対象となる文書そのものという意味で進めていきます。

形式的証拠力と実質的証拠力

文書の内容が真実であるかどうかの判断のためには、まず、書面の記載内容が誰の意思を表したものなのかを決める必要があります。これが文書が真正に成立したものであること（形式的証拠力）が必要であるといわれているものです。

実質的証拠力とは、文書が成立の真正があること、つまり形式的証拠力が認められた文書について問題となるもので、その内容により係争事実の真否について裁判官の心証形成に与える効果をいいます。

処分証書や報告文書でも領収書の場合に形式的証拠力が認められると、その書面に記載された内容は類型的に信用性が高く実質的証拠力があるとされ、類型的信用性がない場合であるとする特段の事情がない限り証書に記載された法律行為があったと事実認定されることになります。

なお、報告文書は、形式的証拠力が認められても、実質的証拠力は別途問題とされます。

公文書の推定規定

公文書の成立の真正の立証については、民事訴訟法 228 条 2 項「文書は、その方式及び趣旨により公務員が職務上作成したものと認めるべきときは、真正に成立した公文書と推定する」があります。この規定は一種の法定証拠法則とされています。このため、公文書の成立の真正を主張する側は、公文書の真正を積極的に立証する必要がなくなりますので、強力な推定規定といえます。

私文書の推定規定（二段の推定）

いわゆる二段の推定とは、形式的証拠力の問題で、一般的には次のように説明されます。

私文書の成立の立証については、民事訴訟法 228 条 4 項「私文書は、本人又はその代理人の署名又は押印があるときは、真正に成立したものと推定する」がありますが、判例上、印影が本人の印章によって押されたものである場合には、本人の意思に基づいて押されたものと推定される（一段目の推定）とされ、その結果、同条４項（二段目の推定）により、印影がある文書の全体が真正に成立したものと推定される、というものです。

二段の推定を踏まえると、文書の成立の真正を争う場合、主として一段目の推定：印鑑（特に実印、そして印鑑証明書は本人の関与なしに取得することはできない運用になっている）は慎重に扱われ、一般的に自分の印鑑を第三者が勝手に使うことはないという経験則の適用による事実上の推定を破る豊富な立証活動が求められることになります。

体験談１

虚偽の公正証書を作成させられた！
でも諦めない

弁護士 15 年目　男性

番頭に騙されて公正証書作成

依頼者は、都内の収益ビル１棟を相続した母娘でした。このビルは競売にかけられており、銀行の正当な貸付分を除いても、依頼者には相当額の剰余金が残るはずでした。ところが、いずれも怪しい内容の公正証書（貸付金を内容とする公正証書２本と任意売却の違約金を内容とする公正証書１本）により配当要求がなされ、ほとんど剰余金が残らないという状況になっていました。

実際の事案は相続なども絡み、もっと複雑だったのですが、依頼者の話や資料からすれば、依頼者は、この収益ビルの管理を任せていた番頭に騙されて、番頭自身や番頭とグルになった第三者を債権者とする架空の債務を認める内容の公正証書３本を公証役場で作成してしまったものだということがわかりました。

そこで、これらの配当要求を退け、競売の剰余金を確保するため、各債権者に対し、それぞれ請求異議や損害賠償請求の訴訟を提起し、また、配当増額を争う債権者からの配当異議請求に応訴しました。

とにかく債権の架空性を立証

１つ目の貸金債権は、依頼者が代表取締役を務める資産管理会社を債務者、第三者を債権者とする架空債務が番頭によりでっち上げられ、これを依頼者が連帯保証し、さらにこの債権が別の第三者に譲渡されたという内容の債務承認公正証書でした。依頼者は作成当時、番頭のことを信頼しきっていたため、この架空債務が本当にあるものと信じ、番頭に言われるがまま公正証書を作成してしまっていたのです。この債権に基づく配当要求に対し請求異議の訴えを提起しました。

相手方からは、公正証書の存在により債権が実際存在することは明らかであり、仮に存在しないとしても、公正証書の作成により、債権譲渡について異議なき承諾をしているため、対抗できない旨の反論がありました。

そこで、こちらとしては公正証書の作成の真正は争わず、とにかく実体として債権が架空であること、異議なき承諾も債権譲受人の悪意・有過失であることを地道に立証していく方針をとりました。

具体的には、債権成立当時、資産管理会社には安定した賃料収入があり資金繰りに窮しておらず、多額の借入れをする必要はなかったことを過去10年分の帳簿類を証拠提出して明らかにしました。さらに仮に資金調達の必要があるとしても、金融機関ではなく親族でもない個人の第三者から借り入れる必要はなかったことを主張しました。そのうえで、そもそも実際に金員が会社の口座に入るなど金銭授受を証する客観的な資料がないことを指摘しました。また、この債権譲渡については、公正証書の中で、相当額の対価を支払ってなされたものと記載されていたことから、債権者とされた者や債権を譲り受けた者と番頭との緊密な人的繋がり（相互に同一会社の役員をしていたことなど）を立証したうえ、第三者への債権譲渡について対価のない実体を欠くものであることを主張しました。さらに、異議なき承諾については、譲受人が債権回収の実効性の有無や実効性を検討した形跡が全くないことを指摘するなどして、債権が架空であることにつき悪意・有過失であったことを主張しました。

これに対し相手方の反論は、公正証書の作成が本人の署名・実印によってなされた真正なものであるとの形式論に終始し、金銭授受については現金で行われたと主張したものの客観的な立証はできず、債権譲渡の対価性も立証できませんでした。また、異議なき承諾についても有意的な反論はなされず、証人尋問でも有意的な反証はできませんでした。

その結果、裁判所は、公正証書に記載された債権の不存在を認定し、債権譲渡も専ら異議なき承諾により対抗し得なくするためになされたものに過ぎないとして、債権譲受人の悪意・有過失を認定して、請求異議を認容しました。

なお、依頼者が連帯債務を認めてしまった公正証書の作成経緯については、担当した公証人の書面尋問が行われるなどしましたが、裁判所はほとんど関心を示すことはなく、判決にも全く触れられませんでした。

続いて債権の架空性が認定

２つ目の貸金債権も、１つ目の貸金債権と同様の手口でこの番頭に架空債務をでっち上げられ、公正証書を作成させられたというものでした。この債権に基づき配当要求した債権者が配当増額を求め提起した配当異議訴訟に対し応訴しました。

こちらは、この番頭自身を債権者とするもので、番頭により架空債務が資産管理会社の帳簿にも計上されていたのですが、こちらも１つ目の貸金債権の訴訟と同様の方針で、とにかく金銭授受の裏付けがないことなど債権の架空性を立証していきました。また、訴訟の途中で上記の1つ目の貸金債権の勝訴判決が出たので、これを同種手口を証する書証として提出するなどして、無事、債権の不存在が認定されました。

また、2つ目の貸金債権では、公正証書が作成された後、さらに公正証書外でこの債権が番頭とグルの第三者に譲渡され、異議なき承諾までさせられていたのですが、こちらの点も、1つ目の貸金債権と同様、番頭と債権譲受人の第三者との緊密な人的関係の立証などにより、譲受人の悪意・有過失が認定されました。結論としては、配当債権の不存在により配当債権者に訴えの利益がなく配当異議の訴えは不適法却下とされました。

こちらの2つ目の貸金債権の訴訟でも、公正証書の作成経緯については、ほとんど審理されずに終わりました。

任意売却の違約金では敗訴

3つ目の公正証書は、競売にかけられていた収益ビル1棟につき締結された売買契約の追加特約として定められていた債務不履行解除に伴う違約金（売買代金の2割）の支払義務を認めるものです。これもまた上記の番頭の手配により依頼者が公正証書を作成させられてしまったものでした。この任意売買契約の買主の不動産業者は、公正証書に基づき競売手続において配当要求し、当該違約金相当額の配当金を受領してしまっていました。

追加特約の内容やその債務不履行については複雑なので割愛しますが、任意売却が頓挫した経過や追加特約および債務不履行の時期、その直後の公正証書作成の時期などからして、いかにも不合理で不自然と思われる内容の特約でした。そもそも追加特約の存在が疑われ、仮に特約があったとしても依頼者の債務不履行がなかったのではないかと疑われる事案でした。そして、依頼者は、不動産取引については全くの素人であり、とてもこの複雑な特約や債務不履行の内容を理解しているとは思えませんでした。

そこで、配当金を受領した不動産業者に対し、追加特約や依頼者の債務不履行が存在しないことを知りながら、違約金支払義務があると誤信させて公正証書を作成させたという内容の不法行為に基づく損害賠償請求訴訟を提起しました。

第１審の審理では、追加特約の内容やその債務不履行の有無について、真っ向から対立し双方から種々の主張・立証がなされましたが、結論として当方の主張は認められず、残念ながら、公正証書に表示された追加特約の存在および依頼者の債務不履行が認定され、請求は棄却されました。しかし、第１審では、契約書や公正証書の作成経緯は重視されず、違約金支払義務を認めるにあたっても、推定規定を用いることはしませんでした。

これに対し、当方が控訴した控訴審では、公正証書の作成のもととなった契約書の作成につき、第１審の判決でも触れられていなかった二段の推定を用いて、追加特約の成立を認定し、さらに公正証書を作成した際、何らかの異議を述べていないことなどから、本人の意思に基づくものだと認定するという内容でした。

裁判所には「実体」審理を

文章の成立の真正の推定規定との関係でいえば、公正証書が作成されている場合、公証人が介在するという作成場面から考えると、文書成立の真正の推定規定を働かせればこれを覆す余地はほとんどないのではないかと考えられます。

確かに裁判所が文書の成立の真正の推定を強く働かせれば事実認定は簡単になるかもしれませんが、実体審理を尽くした裁判でなければ国民に信頼されなくなります。裁判所において事実認定の手法としての文書の成立の真正の推定規定があまり重要視されていなかったと言われることがあるのは、そのような価値判断があったからかもしれません。

上記の３つの事例では、二段の推定規定を理由に用いた３つ目の控訴審を除き、裁判所はいずれも、文書の成立の真正の推定規定を用いることはせず、貸金の金銭授受の有無や、特約の存否、債務不履行の存否を丁寧に審理して義務の存否を認定していました。

公正証書には執行力はありますが既判力はありません。

実体と異なる内容の公正証書が作成されていたとすれば、訴訟の場では、表示された内容の債権債務が存在しないことを地道に主張・立証していく、代理人としての訴訟活動としてはこれに尽きるのではないかと思います。

体験談 2

署名も実印も私のですが……

弁護士７年目　女性

身に覚えがありません（知らぬ間に……）

自分の土地建物に住んでいるのになぜか建物明渡しを提起されたとの相談がありました。相談者は何でこんなことになったのか理由がわからないとして混乱しており、私は相談者に訴状一式を持ってくるようにいいました。

訴状一式には、書証として不動産売買契約書、領収書がありました。また、不動産登記全部事項証明書もあり、不動産の所有権は相談者から原告に移転していました。つまり、相談者は、建物所有者ではなくなっていたのです。

相談者は、原告からは確かにお金を借りはしたが、不動産を売ってはいない、お金を借りる状況だから確かに生活は大変だが、持ち家があることでなんとか成り立っている状況であり、今より支出が増える賃貸物件に切り替える理由などない、また、不動産担保ローンでもない、とのことでした。

自署・実印は認める

私は相談を聞いて「氏名冒用、印鑑の冒用かな？」と思いました。

書証の売買契約書は相談者の署名押印があったので、相談者に署名と押印されている印鑑を確認したところ、署名・印鑑いずれも、「見る限り間違いなく私が署名しています。印鑑は私の実印、印鑑証明書も私が持っていたものです」との回答でした。

書証の領収書にも相談者の署名押印がありましたが、いずれも同じ回答でした。

しかし、相談者は繰り返し「でも、売買契約書は見ていない。全く身に覚えがありません。金銭消費貸借契約書は見たけど」と主張しました。

私は所有権登記が移転しているということは相談者が不動産関係の必要書類を渡しているからでは？、なのに理由がわからないのはなぜ？
とも思いました。

さらに話を聞くと、一度借りた業者から原告を紹介され、相談者が借りにいった際、原告は相談者に対し「話は聞いている」として、貸せる金額と返済期限の説明だけがあったそうです。後は大量の書類に署名を書かされ、こちらで印鑑を押すからということで実印を渡すようにいわれ、仕方なく実印を渡したとのことでした。そのとき以外に実印を第三者に渡したことはなく、不動産関係の書類は以前借入れをした業者から担保権の登記抹消に必要だからということで持っていて、権利証などは前の業者に預けたままかもしれない、ということでした。

相談者に対しては、説明の内容に基づき契約無効を争っていくが、売買契約書記載の署名が相談者のものであることや、売買契約書にある印影が相談者の実印であることを認めてしまうと、裁判所が売買契約が無効であるとするのは極めて困難である旨を説明し、理解いただいたうえで、訴訟を進めることになりました。

二段の推定に守られなかった

争い方としては、二段の推定のうち、一段目の推定である「本人の実印が押されているから、経験則により本人の意思によって捺印されたものとする」を「本人の実印が押されているが、本人の意思よって捺印されたものではない」ということになります。

一段目の推定を争うのですから、十分説明しましたよという意味で、通常の不動産取引であれば作成されるであろう重要事項説明書などが出てくるかと思いましたが、それは出てきませんでした。

原告関係者の売買契約後の経緯に関する説明では、例えば原告が主張する相談者と会っていたと主張する日などは相談者が泊まりがけの出張に出掛けている日だったなど不自然なものが多く、売買価格もいわゆる相場とはかけ離れていたものでした。

売買契約に関係した人物たちは、相談者に名刺を渡していました。名刺の人物たちを調べていくと、なかには懲戒処分を受けている司法書士がいました。懲戒事由を見ると、訴訟案件に類似したものでした。また契約関係者は新聞などで調査したところ不動産取引がらみで逮捕歴がある者が含まれていました。

このような契約過程における怪しい点、怪しい事情を基礎付ける関連事情を主張・立証してみたところ、判決では二段の推定のうち一段目の推定を否定する認定がなされました（そうすると金銭の問題が残りますが、訴外で解決しました）。

二段の推定は強力

判決理由を見ると、契約締結に至る経緯・契約時の状況、各当事者の事情、不動産価格の不自然さを丹念に認定していました。言いかえると判決でさえここまでしないと二段の推定は覆せない、ならば推定を覆す側の当事者は判決理由以上の主張・立証をしていかなければならない、今回はたまたま新聞報道や類似事案での懲戒事例があったからよかったものの、そうでなければ二段の推定は覆らなかったのでは、という印象を持ちました。

二段の推定の強力さを別の意味で実感した事案でした。

ワンポイントアドバイス

どこに争点を設定するのかが重要

各体験談は、公文書と私文書それぞれで、文書の成立の真正が推定される要件が整っている書面があった事案です。

文書の推定規定（二段の推定も含めて）は、一種の法定証拠法則ですから強力です。

このため、体験談１の公文書については、文書の成立を事実上争うことはできないため、公正証書を請求債権の存否の根拠にすることができるかという実質的証拠力を争点にしたものです。公正証書に記載されている債権債務が存在しない事情を客観的事情に沿って丁寧に主張・立証できるかがポイントになります。

これに対し、体験談２の私文書については、形式的証拠力を争点にしています。一段目の推定は事実上の推定ですから、全く覆すことができないというものではありません。印鑑の使用には通常本人が介在しているであろうという推定を基礎付ける事情と異なる事情をどこまで積み上げることができるかがポイントになります。

Method

14 有利な和解を導くためのテクニック

▸ 逆転の目は残っているかも！

――裁判上の和解は、当事者の思惑と裁判所の心証をすりあわせて成立する。自身の思惑と裁判所の心証の方向性が一致すれば有利な和解が見込めるが、そうでない場合も50%の確率で生じる。

しかし、裁判官との心証と一致しない場合でも諦めるにはまだ早い。

和解検討の時期

民事訴訟法上、「裁判所は、訴訟がいかなる程度にあるかを問わず、和解を試み、又は受命裁判官若しくは受託裁判官に和解を試みさせることができる」（民事訴訟法89条）と規定されています。

具体的な時期としては、①訴訟開始当初（主として当事者からの提案）、②双方の主張・立証が一通りなされた段階、③証拠調べ手続（人証）後・判決前、といわれています。

訴訟手続が進めば進むほど、事案に対する裁判官の心証が固まっていくため、裁判所の心証に沿った和解（＝判決内容を見据えたうえで任意履行の実現することに主眼が置かれる）となる傾向があり、当事者の意向を柔軟に反映した和解は困難になっていきます。

主張・証拠関係を踏まえて、どの段階で和解に持ち込むのが依頼者の利益になるのかを見極めるのも代理人として必要なスキルといえます。

尋問後の段階で心証と異なる和解を導く手法

①相手方当事者を動かす

裁判上の和解は、裁判所の心証が強く作用するとはいえ、当事者の合意によります。相手方が了承すれば裁判所の心証と異なる和解も成立します。

このため、和解においては、相手方の立場も十分吟味したうえで和解に対する方針を検討することになります。

②裁判所を動かす

尋問後に裁判所の心証を動かすことは困難であることはすでに述べたとおりですが、裁判所も和解が成立せず、判決・控訴になった場合のことも考慮するとされています。

つまり、判決を書く際には再度の検討がなされる可能性があるのです。

このため、これまでの主張・立証を整理した書面を提出して再度の検討を求めるという手段が有効になる場合もあります。

また、裁判官の交代も裁判官が記録を読み直す機会ですから、再度の検討を求める機会ともいえます。

体験談 1

和解あれこれ

弁護士７年目　男性

和解のための交渉術

訴訟上の和解は、各当事者だけでなく、中立公平な立場の第三者であるとされる裁判所が関与する手続です。和解を有利に進めるためには、一般論としては、相手方当事者の訴訟上の主張内容とは別に、真に求める利益内容や狙いを読み解き、また審理を通じて形成される裁判所の心証や思惑を的確に把握しそれに応えた活動をすることが必要かつ重要であるといえるでしょう。

そのような観点を意識した交渉の結果、有利といえる和解を引き出すことができたケースをいくつか紹介したいと思います。とはいえ、それぞれ個別の案件全てに対応できる交渉術などあるはずがなく、言うまでもなく事案ごとに工夫して悩みながら交渉するほかありません。

相手方との駆引き

労働審判事件でのことです。概要は、会社が従業員を解雇したところ、当該従業員から当該解雇処分は無効であり、労働者たる地位の確認を争ってきたというものです。私は会社側の代理人でした。

会社が相手方従業員を解雇処分するに至ったのは、軽微な非違行為が積み重なった末のことでしたが、裁判例の傾向等からみて当該解雇処分は無効と判断されるだろうと思われる事案でした。裁判所（労働審判委員会）からも解雇処分は無効であるとの心証が示され、当初、バックペイを前提とする解決金支払による調停の打診があり、相手方の調停案も、バックペイに加えて長期間分の給与相当額というものでした。

依頼者は小規模会社でしたから、相手方の求める水準の解決金額を支払うことは困難でした。

私は、事案の性質等を踏まえて解決金を相応の金額に収めるように相手方と交渉し、裁判所からも相手方に対して説得がなされましたが、相手方は譲歩の姿勢を見せませんでした。

解雇をめぐる労働事件ではよくあることだと思われますが、相手方は、訴訟上の主張としては労働者たる地位の確認請求をするものの、実際には退職を前提に解決金を得ることを求めていました。相手方は、軽微とはいえ非違行為が積み重なっており、もはや依頼者の会社には戻れない状況になっていました。他方で、年齢的にも再就職のチャンスは十分あり得そうでした。そうすると、主たる目的は解決金であろうと思えました。

そこで、一計を案じ、依頼者と協議のうえ、相手方の提示する水準の解決金を支払うことは困難なので、相手方がその金額にこだわるのであれば、請求の趣旨どおり復職を求めると回答し、解決金か復職か２択を迫ることにしました。

相手方は、やはり本心では復職希望は全くなく、また近い将来に再就職の予定があったようでした。

その結果、相手方は復職に応じることはできないためか、最終的にバックペイに加え若干の期間分の給与相当額の解決金で調停成立となりました。

実は、依頼者としても相手方に復職を求めたところで、本当に応じられても困る事情もあり、ある意味賭けでしたが、相手方の真意を読むことでできた交渉でした。

裁判所への対応

不当利得返還請求・損害賠償請求事件でのことです。損害を被った依頼者が原告となって、取引上の錯誤無効、瑕疵担保責任（平成29年改正後民法・契約不適合責任）、説明義務違反等を主張したという事案です。

ご承知のとおり、これらの主張は民法の講義や司法試験の問題ではお馴染みの論点ですが、実務上は主張・立証面で多くの困難がある分野です。

そのため必然的に訴状段階から数十頁に及ぶ書面となりました。争点整理手続においては、主張を綿密に構成し、立証面でも依頼者から提供された電子メール等を読み込み、重要箇所を提出する等しました。

当事者双方から一応の主張が出揃った段階での裁判所の心証は、「原告の主張を熟読して検討した結果、悩ましいけれどもなお錯誤無効などは認め難い」というもので訴額からすると僅少な金額の和解案が提示されました。

この和解案では依頼者は納得しません。私としても裁判所の見方は理解できるものの、僅少な和解金で解決とすることが結論として妥当か疑問がありました。

そこで、和解交渉は継続しつつ、裁判所の心証を覆すべく、少なくとも和解金の増額を目指して主張をあらためて整理し直し、証拠評価を丁寧に加えたほか、各論点の判例、学説等をも交えた準備書面を提出しました。これも大部の書面となりました。手前味噌ですが力作だったと思います。

結局その書面提出で「錯誤無効などは認め難い」とした裁判所の心証が180度変わった、というようなドラマのようなことは起こりませんでした。

ただ、裁判所は心証に変化はないながらも、従前の金額からは大幅に増額した和解案を示し、被告もその金額を了承したため和解成立となりました。

被告側は和解しなければ請求棄却判決を得られた可能性があるのに、裁判所がどうやって被告を説得したのでしょうか。今となっては知る術はありませんがその説得術には興味があります。

訴訟の最終的な判断を下すのは裁判所ですから、裁判所を説得する主張・立証を行うことが有利な和解のための正攻法だといえるでしょう。

体験談 2

裁判官の交代が和解の転機に

弁護士 8 年目　男性

会社の金銭の横領事案

ある会社から「役員が会社のお金を横領したので損害賠償請求したい」との相談を受けました。事実関係を確認したところ、当該役員は、取引の実体がないにもかかわらず、実体があるかのように装い、複数回にわたって会社の銀行口座から知人名義の銀行口座に送金する方法で会社の金銭を横領していることがわかりました。

役員は横領の事実を概ね認めたものの、一部の送金は実体のある取引であると弁解したうえ、資金がないことを理由に返還を拒んでいました。また、知人から銀行口座を使わせてもらっていただけであり、知人は横領の事実を知らず、協力してもらっていたわけではないと述べていました。

役員からも知人からも任意の賠償を得られない見込みとなったため、両者を共同被告とする損害賠償請求訴訟を提起することになりました。

裁判所からの和解勧試

訴訟が進行し、争点整理が終わって証拠調べを行う前の段階で、裁判所から一度和解の打診がありました。しかし役員から少額の支払提案しかなかったため和解には至らず、証拠調べ手続が行われました。

証拠調べが終わった後、裁判所からあらためて和解勧試がありました。裁判所からは「役員の横領については、役員が否認している事実も含めて会社の主張どおり認められるが、知人が横領に関与していたと認定するのは難しいと考えている」旨の心証開示があり、それを踏まえて和解を検討するよう求められました。

会社としても、その代理人としても、知人の関与が認められないとの判断には納得がいきませんでしたが、この勧試を受けて、原被告双方が役員のみを支払義務者とする和解について検討を重ねました。役員には現預金がないとのことであったため、役員が保有している別会社の株式による代物弁済などの検討を行った結果、和解協議は長期間に及びました。

そうした中、裁判所から裁判官が異動により交代するとの話がありました。

主張を整理した準備書面の提出

裁判官の交代を知った私は「知人の関与が認められない」との裁判所の判断にやはり納得ができていなかったため、そこに焦点を当てた準備書面をあらためて提出することにしました。

新たな担当裁判官に読んでもらうことで裁判所の判断が変わることを期待してのものであり、読んでもらいやすいように、長々としたものではなく主張をコンパクトにまとめたものを作成しました。

裁判所から新たな提案

裁判官が交代した後の最初の期日で、裁判所から「原告・被告と個別に話をしたい」との申し出がありました。

そのうえで、裁判官から「提出された準備書面を読んだ。前任の裁判官は『知人』の関与が認められないとの心証を得ていたようであるが、私としては関与が認められ、『知人』も不法行為責任を負うと考えている」との話がありました。そして、紛争の一回的解決のために、そのことも踏まえて和解を再検討してもらいたいとの示唆を受けました。

事前に提出していた準備書面がどれほど奏功したのかわかりませんが、裁判官から、準備書面を読んだうえで上記のような心証を得たとの話があったため、書面の提出には一定の意義があったのだと思います。

当初より有利な内容での和解成立

その後、双方が再検討し、役員からの支払いのほか、知人からも一定額の解決金の支払いを受ける内容で和解成立となりました。

裁判官の交代によって審理の進行が変わることはしばしばありますが、双方が検討していた和解の方針が大きく変わったことは初めての経験であり驚きました。そして、その交代のタイミングで主張をまとめた書面をあらためて提出しておいてよかったと思いました。

裁判官の交代は偶然の事情によるところがありますが、それを主張の機会と捉えてあらためて書面を提出することも、有利な和解に向けた意義のある１つの対応だと思います。

ワンポイントアドバイス

アプローチはいくつもある

一度形成された裁判所の心証を覆すことは確かに困難です。というのもその心証を形成するまでに裁判所も十分な検討をしたうえで和解の枠組みを提示しているからです。

しかし、枠組みが固まっていたとしても、相手方の視点に立つことで相手方の弱点を見極め、有利な和解に導いたのが体験談１前段でのエピソードです。

そして、裁判官の交代やタイミングを見て主張を整理のうえ裁判所に再考を促す書面を提出して心証を変えたり、変えないまでも同様の結果を得て有利な和解に導いたりしたのが体験談１後段でのエピソードと体験談２です。

時期も大切ですが、書面で訴えたというところがポイントです。書面の作成は確かに大変ですが、その労力を惜しまない先に逆転のチャンスがあるかもしれません。

Method
15
訴訟外の和解・示談

▸ 交渉カードとしての訴訟提起〜使い方に注意〜

——裁判所を使わずに話合いで紛争解決ができれば言うことはない。しかし、厳格なルールがないことや強制力がないことによる難しさは否定できない。裁判所を使うか否か、その見極めもまた弁護士に求められるスキルといえる。

交渉のテーブルの選択

交渉の場は、言うまでもなく裁判だけではありません。

任意交渉でも、内容証明郵便からはじめるか、直接電話連絡をとってからはじめるのか。合意方向にいくとしても、履行確保のために公正証書まで作成するのか、担保権設定までするのか。どのタイミングで訴訟提起を考えるのか、事案・相手方の態度を勘案し、依頼者との関係では見通し（時間・費用など）を説明して、これらの手段を選択していくことになります。

当事者本人との直接交渉

相手方に必ずしも代理人が付くとは限りません。

必ずしも法に精通していない当事者本人との直接交渉においては、より丁寧な説明が求められます。しかし、丁寧な説明を尽くしても埋まらないものは存在します。そこで相当な解決に導くためには、任意交渉と訴訟提起をうまく使うことが求められます。

裁判所からいわれることも

より柔軟な和解・示談内容とすることができるのも、訴訟外の和解・示談の魅力です。その必要性は、裁判上の和解ができない場合にも発揮します。その場合の交渉先は相手方というよりも裁判所ということになるでしょう。よりよい和解手段を考え裁判所との交渉をすることもまた弁護士に求められるスキルといえます。

体験談 1

交渉するか訴訟を提起するか

弁護士７年目　男性

とっかかりとしての内容証明

一般的な給付請求の場合、いきなり訴訟を提起するということはほとんどなく、まずは相手方との交渉を試みるというのが一般的かと思います。

例えば、依頼者の方ですでに何度も債務の履行を求めているのに、相手方は一向に債務を履行せず、滞納額も多額にわたるといった場合でも、消滅時効の完成が迫っているという事情がない限り、私はまず内容証明郵便を利用して、相手方に対し債務の履行を催告することが多いです。当然のことですが、文面には、期限を設定し、期限内に債務の履行がない場合には訴訟の提起等を検討する旨を記載します。

弁護士から内容証明郵便が届くと、ごくまれにですが、すんなりと債務の全額を入金してくる相手方もいますし、慌てて事務所に電話してきて、話をしてみると、あっさりと交渉がまとまったりすることもありますので、交渉のとっかかりとして私は内容証明郵便を利用することが多いです。

そして、内容証明郵便等に対し、相手方からの反応や連絡があれば、交渉を試みます。

相手方と連絡がとれない場合

内容証明郵便等に対し、相手方からの反応がなく、連絡もとれないということになれば、話すらできませんので、速やかに訴訟の提起を検討します。

内容証明郵便に反応がなく、こちらから何度電話しても相手方が電話に出ないなど、全く連絡がとれない相手方に対し、やむを得ず訴訟を提起したところ、初回期日の直前に相手方から電話があり「まさか裁判を起こされるとは想定もしていなかった、速やかに債務を履行するので裁判を取り下げてほしい」と要請されたこともありました。そこで、初回期日の待合室で相手方本人と面談し、次回期日までの間で支払期限を定め、期限までに債務の全額を履行すれば訴えを取り下げる旨を約定したところ、実際に期限内に債務の全額が履行され、訴えを取り下げたというケースも過去にはありました。

このように、連絡がとれない相手方の場合には、訴状の送達・裁判所からの呼び出しが契機となって連絡がとれるようになり、早期に交渉成立、訴えの取下げに至るケースもあります。また、相手方が期日に出廷すれば、和解交渉をすることも可能ですから、速やかに訴訟の提起を検討すべきと考えます。

相手方が債務の存在自体を争っている場合

相手方ないし相手方の代理人と話ができても、依頼者と相手方との間で事実関係の認識が大きく食い違い、相手方が債務の存在自体を争っているような場合には、交渉による解決は難しいです。

このような場合には、早期に訴訟を提起した方が最終的な解決に至るまでのトータルの時間を短縮できることが多いです。そのため私は、ぐだぐだと交渉を継続するということはせず、訴訟を準備しつつ2〜3回程度交渉を試み、それでダメなら直ちに訴訟を提起するようにしています。

相手方の任意の履行が期待できない場合

相手方の任意の履行が期待できない場合には、速やかに訴訟を提起することが多いように思います。

例えば、建物明渡事件で、相手方である賃借人が賃料を何年も滞納しており、また、安定した収入がないため滞納分の回収も困難というケースがあります。このようなケースでは、相手方の任意の履行が期待できず、また回収困難な滞納金の額が日々増えていくため、1日でも早く相手方を退去させるべく速やかに訴訟を提起するようにしています。なかには、任意に明け渡すので、転居先が見つかるまで待ってほしい、等と要請してくる相手方もいますが、明渡しを先延ばしにするための口実ということが多く、私の経験上、約束どおり明渡しが履行されたケースはありません。このような相手方に対しては、判決、明渡断行がなされるまでに時間があるため、その間に転居先を見つけてほしいと説明して、訴訟自体は早期に提起するようにしています。

交渉を継続すべき場合

当事者間において、債務の存在自体には争いがなく、相手方の任意の履行が期待できる場合には、交渉を継続します。そして、合意が成立しそうな段階においては、債務の履行を確実なものにするため、相手方に対し、強制執行認諾文言付公正証書の作成や連帯保証人の設定を打診することが多いです。交渉の初期の段階からこれらを打診すると、相手方の抵抗が強く、交渉がスムーズに進まないことが経験上多かったため、話を切り出すタイミングは難しいですが、ある程度条件がまとまった段階で話をするようにしています。

登記関係（交渉が無意味な場合）

すでに被担保債権が消滅しているはずなのに残存している過去の抵当権設定登記を抹消する場合や、売買予約の完結により仮登記を本登記にする場合など、登記関係の多くは、容易に判決を得ることができ、判決を得れば直ちに登記ができるため、登記義務者ないし登記上の利害関係を有する第三者との交渉は無意味といえます。そのため、相手方と交渉を行うことはせずに最初から訴訟を提起することが多いと思います。

以前、相続を原因として取得した不動産を売却しようとしたところ、20 年以上も前の抵当権設定登記が残存しており売却に支障が生じているという相談を受けたことがありました。抵当権の抹消登記は、抵当権者を登記義務者とする共同申請になりますが、このケースでは、抵当権者の方に数次相続、代襲相続が発生しており、相続人の人数が多数に上りました。多数の相続人に対して、登記申請書への実印の押印、印鑑登録証明書や遺産分割協議書等の必要書類の提出をお願いするのは非現実的ですし、また、これをお願いしたところで全員の協力を得ることは困難と考えました。そこで、抵当権者の相続人全員を被告として抵当権抹消登記手続請求訴訟を提起し、判決に基づいて抵当権抹消登記を行うことにしました。

もっとも、いきなり訴状が届いたら相手方も驚くでしょうし、無用の紛争を招くリスクもあります。訴訟を提起する前に、被告となる相続人全員に対し通知を出し、その文面においては、訴訟提起に至る事情を説明し、訴訟提起が双方にとってメリットとなることを理解してもらえるよう丁寧な説明を心がけました。なお、当該抵当権の被担保債権について弁済が完了しているのか証拠がなく不明でしたので、被担保債権の消滅時効を援用する旨も記載しました。

こうして比較的スムーズに判決を得ることができ、抵当権抹消登記を無事に完了することができました。

体験談 2

あえての訴訟提起

弁護士 10 年目　男性

訴訟外の和解・示談のメリットとデメリット

訴訟外の和解・示談では訴訟手続によらないため、訴訟上の和解に比べて、時間をかけずに迅速に事件を終了させることができ、より自由な和解・示談内容にすることができるかと思います。一方、訴訟外の和解・示談では、常に和解・示談の内容が履行されなかった場合の和解・

示談内容の実現（多くの場合は金銭の回収、つまり執行）の問題を常に考えなければなりませんし、裁判所の関与がないため相手方から無理難題な和解・示談内容が提示されることがあります。

相手方から過剰な要求がされていたケースで、訴訟提起と訴訟外の和解を組み合わせることで、相手方からの過剰な要求を回避しつつ、時間をかけることなく事件を終了させることができたケースを紹介します。

相手方からの過大な要求

依頼者であるＡさんは、妻子ある男性と不倫関係にあった女性でした。その関係が相手の男性の奥さんにバレ、奥さんから自宅に連絡がくるようになってしまったため、できる限り穏便に事件を解決したいと希望していました。Ａさんは、妻子ある男性と不適切な関係になってしまったことを非常に後悔していました。対応の方針を協議した結果、男性との関係を絶つこと、一般的に考えられる慰謝料の金額を支払うこととしたので、すぐに男性の奥さんのとの示談交渉を開始しました。

しかし、相手方からは、高額な慰謝料の提示とともに、依頼者が到底応じられないような要求がされ、その態度も強固であったため、交渉は難航しました。

相手方に代理人弁護士が付くことも期待できなかったので、状況が改善するための何かきっかけを、と考えました。そして相手方がより強固になるリスクはありましたが、相手方が裁判になることについて嫌がっている素振りを見せたことから、リスクを依頼者に説明したうえで、相手方を被告として、一定額以上の慰謝料支払義務がないことを求める債務不存在確認訴訟を提起しました。相手方に対し、訴訟を提起した以上は無理な要求については応じられないことや、判決となった場合には金銭支払以外の要求は認められず、判決で認められたこと以外の要求を続ける場合にはそれなりの対応をすることを説明しました。その結果応諾できる範囲まで要求内容が下がってきたので、早急に訴訟外で和解をしたうえで、訴訟を取り下げ、依頼者が納得できる範囲で事件を終わらせることができました。

よくよく考えた手段の選択を

相手方が被害者であるようなケースの場合、交渉ではどうしても下手に出ざるを得ず、相手方から強固な要求をされることが多々あります。このような場合、実際には訴訟外の和解・示談を目指していたとしても、状況を打開する１つのきっかけとして、訴訟提起が有利に働くことがあります。もちろん、相手方を怒らせてしまい、より交渉が困難になる可能性もあるため、状況をよく検討して手段を選択する必要があることは言うまでもありません。

なお、体験談とは異なりますが、過払金請求の場合、訴訟提起した後に訴訟外で交渉を行った方が、最初から訴訟外で交渉を行うよりも早く事案を終了することができることが多いです。

体験談 3

その和解はここではできません！

弁護士 6 年目　女性

隣地所有者からの境界確定訴訟の提起

あるとき、マンションの建売をしている業者から、すでに建設済みのマンションの隣地所有者から境界確定訴訟が提起されたので、訴訟の代理人をお願いしたいとの相談がありました。

これは同マンションの建設中から、同じ隣地所有者から種々の理由でマンション建設禁止仮処分を複数回申立てられていた事案でした。

仮処分の手続では、マンション建設の禁止を求める仮処分は却下され、マンションの建設はすでに完了し、同マンションの区分所有権の販売が開始されているとのことでした。

和解の機運。しかし……（その1）

すでに依頼者は、問題となっている敷地のマンションの区分所有権の大部分を販売し終えていました。

もっとも、全て区分所有権の販売を終えてしまうと依頼者の敷地の所有権が持ち分も含めて一切なくなってしまい、境界確定訴訟の被告ではなくなってしまいます。

また、販売先が個人であることもあり、依頼者が被告でなくなると、購入した方々での訴訟追行は困難であり、かつ迷惑が掛かってしまうことから、依頼者において一部の区分所有権の販売を停止せざるを得ない状況になってしまっていました。

その反面、販売戸数が百を超えていたため、隣地所有者も承継手続が極めて煩雑な状況に陥っていました。

経緯からして、依頼者と隣地所有者の和解は困難と考えていましたが、上記の事情から双方が和解での解決を模索することになりました。

公法上の境界は、当事者で処分できる性質のものではないため、実務上は、訴えを当事者に処分可能な所有権確認訴訟に交換的に変更して所有権の範囲について和解することもなされています。

もっとも、この事案では当事間では私法上の境界（所有権界）に争いがなく、公法上の境界（筆界）についてのみ争いがあったため、裁判所からは訴訟上の和解をすることは困難との見解が示されていました。

結局、裁判所と当事者間で協議し、法的効力についての問題も認識の上、公正証書で、境界については今後争わないという内容の合意をし、これに反した場合には具体的な違約金条項を定め、同時に訴えを取り下げるという方法で訴訟外の和解をし、事案の解決を行いました。

相続人の一部が引き継いだ会社からの請求と和解手続

また、相続に関連して、訴えが継続していたものの、訴訟外の和解が用いられた事案もありました。

当該事案では、遺言書のある相続において、被相続人が有していたある法人の株式の100％を相続した者が、同法人の代表者となり、地裁に当方の依頼者である共同相続人に対し、同法人が有する金銭債権を請求する訴訟を提起していました。

もっとも、法人の株式以外については、調停の申立て等はなされていませんでしたが、遺言がなされていなかったこともあり、上記の訴えとは別途、遺産分割の方法について、大きな紛争となっていました。

和解の機運。しかし……（その2）

法人と依頼者の紛争について、和解の協議が行われていたところ、当事者の感情に変化が見られ、法人と依頼者の紛争と相続全体に関しても双方で和解が整い得る状態となりました。

最終的に、当事者間で協議を続けた結果、実質的に、遺産分割において一部依頼者側に有利な内容とすることを前提に、法人との紛争について、法人の請求を一部認める内容の和解を行う方向で話がまとまりました。

上記のような内容での和解でしたので、法人と依頼者、相続人間で同時に和解をしたいという意向があり、当事者双方が、可能であれば、訴訟が係属中の地裁において訴訟上の和解として一括して合意することを希望していました。

地裁における訴訟上の和解でも遺産分割協議を行う例もあるようですが、紛争当事者が相続人同士ではないことも考慮してか、このとき担当した裁判官からは、遺産分割は家庭裁判所の管轄であることから、地裁で訴訟上の和解を行うことは困難であることの見解が示されました。

結果、当事者で協議の上、法人と依頼者との訴訟上の和解を行うのと同時に、裁判外での遺産分割協議書を作成することとしました。裁判所にも協力していただき、訴訟上の和解の日程を遺産分割協議の成立にあわせて設定し、期日において事実上同時に遺産分割協議書を作成し、訴訟上の和解と遺産分割が成立しました。

訴訟上の和解について

事例としてはあまり多くはないとは思われますが、上記のように、訴訟が継続していても必ずしも関連する紛争が全て訴訟上の和解で解決することができない場合もあります。

もっとも、工夫次第でこれに代替することも十分可能な場合も多いと思いますので、このような事案であっても、解決できる方法をさまざま考えてみたいものです。

ワンポイントアドバイス

裁判外の和解・示談を選択する場合とは

体験談１は時系列に沿って丁寧な場合分けをして、訴訟提起に踏み切るタイミングを扱った事例を紹介しました。訴訟提起に踏み切るのは、任意交渉をしても解決までにいたずらに時間が過ぎる場合というのが１

つの目安といえます。

体験談2は訴訟提起に踏み切るまでの過程を丁寧に扱った事例を紹介しました。訴訟提起は依頼者・相手方ともに最後の手段というイメージがあるため、態度軟化のメリットもありますが、逆に態度硬化のリスクは否定できません。依頼者・代理人が付いていない相手方どちらにもより丁寧な説明が求められます。

体験談3は審理が進み、より包括的な解決の機運が高まったところ、訴訟物の性質により裁判上の和解の枠組みを超えた解決が求められたがゆえに裁判外の和解・示談を模索したことを扱ったものです。裁判上の和解の効果に匹敵する枠組みに挑んだという点で参考にしていただけるのではないでしょうか。

Method

16 専門家の関与

▸ 正直弁護士も裁判官も法律以外はわかりません！

――高度に複雑化した現代社会においては、必要に応じて法律以外の専門家の知見を活用しなければ、適正かつ妥当な解決を導くことはできない。弁護士としての必須スキルであるので、関連制度を概観するとともに、実務上留意すべきポイントのいくつかを体験談で学んでみよう。

専門的知見の必要性

社会の高度複雑化に伴い、民事裁判において取り扱われる事項も多岐にわたり、専門的知見を求められる事件は増加の一途をたどっています。弁護士は文献を収集して書証とするなど専門的知見の提供に懸命であり、勤勉で優秀な裁判官もこれを消化・吸収することに努めますが、いずれも本職はあくまでも法律の専門家にすぎない以上、限界があります。そこで、裁判官以外の専門家の出番となります。

民事訴訟法上の制度

民事訴訟法上、伝統的な制度として、証拠調べの方法の１つである「鑑定」があります。裁判所が当事者の申立てに基づき、公平中立な専門家を鑑定人に指定し、その専門的知見をもって鑑定を行わせるというものです（民事訴訟法 212 条以下）。実務上は、不動産の適正な価額や賃料について不動産鑑定士が行う鑑定、傷病の機序について医師が行う鑑定が代表的でしょうか。

なお、実務上は、裁判所が証拠調べとして行う公的な鑑定だけでなく、当事者が独自に専門家に鑑定を依頼し、その結果（鑑定書等）を証拠として提出することも多く見られます（いわゆる私的鑑定）。私的鑑定は必ずしも中立公平とは限らないことから、その信用性は相対的に低く見られる傾向があり、結局あらためて公的鑑定が行われるということも珍しくありません。

民事訴訟法に比較的新しく導入された制度としては、「専門委員」があります。裁判所は、争点・証拠整理又は訴訟手続進行に関し必要な事項の協議をするにあたり、訴訟関係を明瞭にし、又は訴訟手続の円滑な進行を図るため必要があると認めるときは、当事者の意見を聴いて、決定で、専門的な知見に基づく説明を聴くために専門委員を手続に関与させることができるものとされています（同法 92 条の２以下）。

その他

民事訴訟法に定められた制度以外でも、例えば民事調停手続（民事訴訟が民事調停法 20 条に基づき調停に付された場合を含む）において、専門家を調停委員に指定することにより、民事裁判に専門的知見を取り入れることが、実務上しばしば行われます。

また、境界確定訴訟において「筆界特定」（不動産登記法 123 条以下）を事実上先行させる運用が見られます。筆界特定は、法務局の登記官が筆界調査委員（土地家屋調査士等から選任）の協力を得て、その専門的知見を活用して行うものです。筆界特定の結果は裁判所においても基本的に尊重されますので、間接的な形にはなりますが、民事裁判に専門的知見が取り入れられることになります。

体験談 1

この不動産おいくらですか？

弁護士 8 年目　男性

遺留分の請求と財産の評価

私が弁護士登録をして間もない頃、ある相続に関連し、遺留分減殺請求（平成 29 年改正後民法の遺留分侵害額請求）をされた案件を担当したことがありました。

この案件では被相続人が多数の土地や建物を所有しており、その不動産の中には、権利関係が複雑な不動産がありました。

不動産仲介会社の査定書

被相続人は公正遺言を遺していましたが、法定相続人の一部から、相談者の相続により遺留分が侵害されたとして、遺留分相当額の金銭を支払うよう請求がなされていました。

まずは、私と、相手方の代理人との間で調停等の裁判所の手続を利用せずに、交渉を行いました。

相手方は遺留分の算定の根拠として不動産仲介業者作成の査定書を提

出し、当該査定書による評価を前提として遺留分が侵害されたとの主張をしていました。

大手の不動産仲介業者の査定書を見て、私は、時価はこれくらいなのかもしれないと考えましたが、念のため、相続や不動産関連の事件を多く取り扱っている先輩弁護士に相談をしました。

すると先輩弁護士からは、不動産仲介業者の提出する査定書は営業のツールともいえるし、裁判所で行う鑑定評価とは必ずしも一致しないものであることを教えてもらいました。

そして、相手方の査定書は不動産の特殊性を考慮していないこともあるため、まずは当方も信頼できる業者で査定をとるとともに、交渉において評価額の乖離が激しい場合は、調停や裁判手続で裁判所が選任する不動産鑑定士による鑑定で評価をしてもらうことも考えるべきとのアドバイスを受けました。

早速、紹介してもらった仲介業者に査定を取得したところ、相手方の提出した査定よりも１億円単位の差異があり、当方の計算では遺留分侵害はそもそも生じないものでした。

あわせて、知人の不動産鑑定士に相談をし、上記査定の金額に大きな違和感がないことも確認してもらいました。

交渉の不成立と調停でのやり取り

不動産の価格差が大きいこともあり、結局、交渉はまとまりませんでした。

その後、相手方から家庭裁判所での調停の申立てがされました。

調停でもやはり不動産の評価が主な争点となり、どのように不動産価格を算定するかという点について協議しました。

調停委員からは、双方の査定の間をとるというような提案もなされましたが、そもそも不動産査定の性質や相手方の査定が特殊性を加味していないことから安易にこの提案には乗れないと判断しました。調停段階で不動産鑑定士による鑑定を行うことについても議論しましたが、内容によっては双方が鑑定意見に反論を行う方針であり、調停も不成立となりました。

裁判所での鑑定の申し出

その後、地裁へ訴え提起がなされ、相手方から不動産の価格に関する鑑定申出がなされました。

なお、相手方からは、鑑定費用の予納を当方も行うよう強く求められましたが、予納は鑑定申出を行った当事者が負担することが多いとの裁判所による説明もあり、最終的には相手方が全額を予納することになりました。不動産の数も多かったため、鑑定費用は数百万円とのことでした。

不動産鑑定士とのやり取り

不動産の数も多かったことから、鑑定が採用されてから鑑定書の提出までの期間は、4か月程度と設定されました。

まずは、鑑定人の現地調査が行われ、代理人も現地調査に同行し、依頼者とともに必要な説明を行う等しました。

鑑定人からは都度連絡があり、必要な書類の提出を依頼されることも複数回ありましたし、対象不動産の賃貸借契約の内容等の解釈について、どのように考えればよいか等を相談されることもありました。契約の解釈によっては評価額に影響し得るものもありましたので、丁寧に伝えることを心がけました。

不動産鑑定書には、訴訟記録以外で鑑定人に提出した資料が添付されることもありますので、第三者の個人情報等相手方に閲覧されることが望ましくない箇所はマスキングして送付することをあらかじめ断ったうえで資料を共有することもありました。

鑑定書の提出と判決

その後、鑑定人から不動産鑑定書が提出されました。鑑定書で示された不動産価格によれば、遺留分の侵害は生じないという当方に有利な結果でした。

相手方からは、鑑定に対する強い反論が提出されましたが、裁判所も概ね鑑定に沿った内容での判決をしました。

裁判所で鑑定がされた場合、判断過程に問題があれば判決において修正されますが、多くの事案では鑑定の内容と合致する判決がなされているのが実情と思われます。

最後に

不動産の評価は、相続、離婚、共有物分割、会社間取引等さまざまな法律問題に際して問題になることが多いため、業務上も取り扱うことが多く、裁判官以外の専門家である鑑定人として不動産鑑定士が裁判に関与することも比較的多いものと思います。

費用や予測可能性の観点から、必ずしも裁判所での不動産鑑定を利用することが多いわけではありませんが、裁判所での不動産鑑定を行う場合の費用負担のリスク、解決までの時間等を検討のうえ、鑑定に至る前に解決するのが得策かを検討しながら、依頼者にとって最善の解決方法を検討したいものです。

体験談 2

境界確定訴訟における筆界特定手続の利用

弁護士4年目　男性

境界確定訴訟

　ある時、相隣関係にある住民間の境界確定訴訟の代理をすることになりました。双方、法務局で取得できるだけの資料（土地台帳、地図に準ずる書面、閉鎖登記等）を取得し、土地家屋調査士の意見等も提出しました。

　しかしながら、境界確定訴訟は専門部があるわけでもなく、通常部に配転されます。純粋な所有権界だけであればまだしも、公法上の境界となると専門性の高い分野であり、裁判官にとっても判断の負担が大きいように見受けられました。

筆界特定手続利用の示唆

　裁判所は「筆界特定手続を利用してみてはどうか」としきりに当事者に促し始めました。筆界特定手続とは、法務局が公法上の境界（一筆の土地の範囲）を特定する手続です。筆界調査委員による職権調査方式であるため、訴訟よりも豊富な資料をもとに、専門家が判断を行います。ただし、測量のために50～80万円程度の費用を納める必要があります。

　当該事件では、大地主で他の住民とも紛争になっていた相手方が費用を出すことになり、筆界特定手続を利用することになりました。筆界特定手続の結果が出るまで、訴訟は停止扱いとなりました。

筆界特定手続の流れ

申立人による筆界特定申請がなされると、関係人（該当地の隣地の住民等）に対し通知がなされます。その後、現地調査、現況測量、資料収集、筆界特定のための測量等が行われます。関係者は意見聴取期日に意見を述べ、当日までに意見書や資料を提出することができます。最終的に、筆界調査委員による意見書が作成され、その判断を尊重する形で、筆界特定登記官による筆界特定がなされます。

私たちは、訴訟手続で提出した主張書面とほぼ同一内容の意見書と、訴訟で証拠提出していた資料を法務局にも提出しました。

筆界特定後の訴訟再開

筆界特定の申請がなされてから筆界特定まで約２年程度の期間を要しました。この間、裁判所から定期的に進捗を尋ねる連絡があり、筆界特定後にいよいよ訴訟が再開されることになりました。訴訟には当方に有利な結果となった筆界特定書を証拠として提出しました。筆界特定書には詳細な理由記載があるため、訴訟においてもその判断が尊重されました。

なお、境界確定訴訟では原則和解はできず、和解を視野に入れる場合には所有権確認訴訟を選択することになります。また、所有権確認だけでは登記できない可能性があるため、登記をする必要がある場合には所有権移転登記請求を一緒に行い、登記可能な文言になっているかを法務局に事前照会しておきます。

文献調査をしたところ、境界確定訴訟では筆界特定手続が先行している場合「原告と被告は、対象土地を○○、関係土地を○○とする○○地方法務局○○年第○○号筆界特定の結果を争わない。」「原告と被告は、別紙物件目録記載１の土地と同記載２の土地の筆界が、別紙図面の○と○を結ぶ直線であることについて共通の認識を有することを相互に確認する。」（江口滋＝岸田庄司＝秋保賢一『実務必携　境界確定の手引』新日本法規（2019 年）164 頁）等として、当事者の合意で変動させたわけではない形式で和解を行うとあったため、後者の記載で和解して訴訟は終結しました。

手続利用の意味

訴訟本体での専門家利用とはまた異なり、判断資料が当事者の提出したものに制限されないことに加え、専門家が公的な最終判断まで行うことから利用の意義は大きいと感じました。

体験談 3

建築調停を取り仕切る人々

弁護士 7 年目　男性

建築訴訟からの付調停

私にとっては初めての建築訴訟で、東京地裁民事第 22 部（建築部）に係属しました。施主が原告で、私はその訴訟代理人でした。被告は設計者、施工者及び確認検査機関の 3 社でした。当初は単独体の審理でしたが進行は鈍く、半年ほどして合議体に切り替えられ、一定の争点整理がなされた後、専門家調停委員を入れた調停に付されました。

専門家調停委員は当初 2 名、後に 3 名となり、裁判官 3 名と合わせて 6 名という大所帯の調停委員会が組成されました。この 3 名の専門家調停委員の詳しいプロフィールは不明ですが、いずれも自信をもって積極的に発言する人たちでした。

キーマンは専門家委員

一般に訴訟事件が調停に付された場合、調停手続中であっても事実上、多かれ少なかれ当事者は主張・立証を行い、裁判所は心証形成を行うことがあります（適切な調停を行うために一定程度必要なことでもあります）。

専門性の高い事件において専門委員（民事訴訟法92条の2）や専門家調停委員として専門家が関与する場合、当該専門家の説明等の内容は証拠とはならず、裁判所を拘束しないというのが建前ではあるものの、事実上、裁判所は専門家の意見を強く尊重し、これと異なる判断をすることは少ないと思います。

また本件においては、被告3社のうち2社について訴訟代理人の交代があり、その都度各被告の訴訟方針が大きく変更されたこともあって、第一審の審理は7年近くに及びました。この間、裁判体の構成は3回ほど大きく変わりましたが、他方で、専門家調停委員は増員されたものの交代しなかったため、裁判官よりも古株になっていきました。

代理人としての注意点

以上のような事情が重なって、本件では、専門家調停委員たちが、調停の場における事実上の心証形成に大きな影響を及ぼすことはもちろん、調停の進行を主導するような局面もしばしば見られました。

これは本当に善し悪しで、事件によっては、専門家調停委員が偏った専門的知見を振り回す危険性も否定できないように思います。弁護士としては注意を要するところです。

本件においても、調停において解決金の額を調整する際には、専門家調停委員が当事者に対し、独自の見解を押し付けるような働きかけを行ったため、対応に苦慮しました。協力建築士を毎期日帯同することも1つの方策ですが、費用との兼ね合いで判断が難しいところです。

ワンポイントアドバイス

医療訴訟における専門家の知見

本Methodで取り上げたものはいずれも不動産に関するものでしたが、不動産に関連する事件以外でも裁判官以外の専門家が紛争解決に関与することは多くあります。

例えば、患者が医師の治療行為に関し、病院や医師の責任を問う医療訴訟においては、医療水準が問題になることが多く、専門的な医療の知識が必要になることも多くあります。

患者の代理をする場合には、医師の過失の特定のために、どの時点でのどのような行為（又は行為をしなかったこと）が医療水準に満たなかったのかを特定するために、膨大な量の診療記録を読み解き検討する必要があります。しかしながら、専門家である医師の知見なしに医療の専門家ではない弁護士がこれを行うことには相当な困難が伴います。

このため、医療訴訟では協力医への依頼を第一に検討すべきです。しかし、問題となっている医療分野に専門性があり、協力してくれる医師を見つけることにも通常大きなハードルがあります。医療関係の訴訟に注力する弁護士団体は、協力医との連携体制をとっているところもあるようです。

反対に、医療者の代理をする場合には、治療行為を行った医師や、同医師の知人等に意見を聞くことは比較的容易ですが、やはり専門的な内容ですので、代理人としても十分に準備をして対応をする必要があります。

例えば、医師からは海外の学術論文などを提供してもらうこともありますが、論文の内容を理解するために多くの時間を費やすことも少なくありません。

また、必ずしも多くはありませんが、訴訟において、鑑定が採用される場合もあります。

Method

17

上訴

▸ 控訴審は、控訴期間と一回結審に注意すべし

――上訴は、民事訴訟法上、控訴、上告及び抗告の手続があるところ、弁護士実務上、特に控訴審に対応することが多いことから、本 Method では、主に控訴審における対応について触れることとする。

民事訴訟の控訴審は、第一審からの続審主義が採用されており、かつ、事実審とされるが、実務上、第一審との大きな違いは何であろうか。

また弁護士は、どのような姿勢で控訴審に臨むべきであろうか。

控訴期間

控訴は、判決書の送達を受けた日から２週間の不変期間内に提起する必要があります（民事訴訟法 285 条）。判決書の送達を受けるタイミングによっては、控訴の提起までかなりタイトなスケジュールになることが予想されます。

控訴をするか否か、控訴審における主張・立証方針に関する依頼者との打合せ、控訴審の委任状・委任契約書等の必要書類の取り交わしに要する時間を念頭におき、時間的に余裕をもって対応できるようにスケジュールを組む必要があります。

控訴理由書

控訴状に第一審判決の取消し又は変更を求める事由の具体的な記載がないときは、控訴人は、控訴の提起後50日以内に、これらを記載した書面を控訴裁判所に提出する必要があります（民事訴訟規則182条）。

上記のとおり、控訴状の提出期限までにあまり時間がありませんので、具体的な主張は、控訴理由書に記載することが多いといえるでしょう。

また、後述するとおり、控訴審は第1回期日で結審されることが多いことから、第一審判決の取消しや変更を求める控訴人からすれば、控訴理由書における主張とその立証が最後のチャンスとなることを想定しなければなりません。

なお、控訴審の第1回期日の前に、被控訴人は、控訴答弁書を提出することになります。

控訴審の期日の開廷

控訴審は、第一審判決が存在することを前提に審理されますので、控訴人から第一審判決を取消し又は変更すべき説得的な理由や新しい証拠が示されない限り、第1回期日で結審されることが多いといえます。

また、新たな請求の追加は許されるものの、場合によっては、時機に後れた攻撃防御方法として却下されることがあります（民事訴訟法297条、157条1項）。控訴審において、尋問を申請したとしても実際に実施されることはまれといえるでしょう。

控訴審での和解

控訴審においても、和解に向けた協議の機会が設定されることがありますが、控訴審は、事実上、和解をする最後のチャンスといわれています。

和解の見込みがないことが明らかである場合、和解期日が設定されないか、設定されたとしてもすぐに打ち切りになりますが、少しでも可能性がある場合には、裁判所としても積極的に和解勧試を行います。和解期日については、合議体の裁判所から指定された受命裁判官が和解に関する指揮をとることが多いといえます。

受命裁判官が和解成立に向けて、判決となった場合の心証開示を含めて、かなり踏み込んだ発言をすることもあります。第一審判決が既に出ているため、取消し又は変更がない場合は特に、受命裁判官としても積極的な心証開示がしやすくなっている印象です。

判決

和解成立に至らなければ、結局、控訴審でも判決が下されることになります。

第1回期日で結審された場合には、第一審の判決が取消し又は変更されない可能性が高いことになります。他方で、第1回期日で結審されない場合、第一審の判決が取消し又は変更される可能性も出てくることから、判決の維持を求める側（被控訴人）からすれば、要注意です。

体験談１

控訴審での請求の拡張は功を奏するか？

弁護士12年目　男性

控訴審といえば

控訴審といえば、控訴理由書で原判決の不合理性を説得的に主張したり、有力な新証拠を提出することができなければ、第１回期日で結審し、あっさりと控訴棄却になってしまうことが多いといえます。

私もこれまで何度も控訴審の壁に跳ね返された経験がありますが、本体験談では、控訴審で逆転勝訴となった案件を紹介します。

私が弁護士登録後、３年目のときの案件です。

第一審敗訴で途方に暮れる

この訴訟は、高齢となった親の財産管理をめぐる兄弟間での金銭トラブルで、私は原告代理人として、他方の兄弟に対し、不当利得返還訴訟を提起しました。しかしながら、証拠の裏付けに乏しく、また、被告側から一定の反論や釈明がなされたため、第一審は原告の完全敗訴となりました。

完全敗訴であったため、当然のことながら、控訴を検討することになりましたが、判決文を読んでも第一審判決を覆すだけの説得的な理屈や有力な新証拠が見当たりません。当時の所長弁護士から対応を任されていたことや、依頼者との関係でも諦めるわけにはいかないとわかりつつも、打開策が見当たらず、途方に暮れていました。

第一審の尋問調書で事態を打開

このような状況の中、あらためて第一審判決をよく読み、証拠関係を検討したところ、第一審の証人尋問調書でのやり取りに着目しました。

尋問調書では親の預金を管理していたはずの被告において、親名義の預金が数千万円単位で引き出されていた点について、自分は何もわからないと回答をしている箇所がありました。当該引出しについては、第一審では請求原因とはなっておらず、この点に関する尋問もあくまで被告の主張全般の信用性を弾劾する趣旨で行ったものでありましたが、調書という形であらためて読むとインパクトが大きいものでした。

控訴審での請求の拡張

上記のとおり、この預金の引出しについては、第一審において、諸種の理由からあえて請求原因には挙げず、請求の対象とはしていないものでした。

しかしながら、①第一審の当事者尋問において、予想以上に被告から合理的な回答がなく、原告の強みになると考えられたこと、②第一審における棄却部分のみで戦うのではなく、当該部分を正面からテーマにしないと控訴審での勝ち目がないと考えられたこと等から、当該部分を新たに請求原因として追加し、約4,000万円の請求の拡張を行うことにしました。

控訴審でこれほど高額の請求の拡張をするケースは珍しいかもしれませんがこれが功を奏しました。

第一審の尋問で被告が明確に回答できず、それが調書に残っていたこと、控訴審の和解期日のやり取りで裁判官に対してもやはり説得的な回答ができない状況であったこと、裁判官から提示された一定の解決金の支払いによる和解案を被告が拒んだこと等から、判決において、拡張部分の請求が満額認められたのです。他方で第一審での敗訴部分は、控訴審でも完全敗訴のままでした。

控訴審での拡張部分は、第一審では請求原因ではなかったことから、十分な審理が尽くされているとはいえない面もあったといえ、第一審で完全に勝訴していた被告にとっては、若干、不意打ち的な要素があったかもしれません。

新しい切り口が生きる

拡張部分については、第一審で最初から請求原因としていればよかったのではないかといえるのかもしれません。

しかしながら、第一審で正面から審理されていれば、被告が防御の準備を十分に行うことができ、尋問結果も変わり、請求が認容されなかった可能性もあります。

控訴審での請求の拡張が功を奏すという結果的に幸運であったケースですが、控訴審においては、新たな請求の追加が効果的な訴訟戦略となる場合があること、切り口を変えることで形成が逆転することがあることを認識した貴重な経験でした。

裏を返せば、第一審で勝訴した場合にも控訴審ではどのような展開になるかはわかりません。裁判は最後まで気を緩めることができないとつくづく感じます。

体験談 2

執行停止が得られない場合でも

弁護士 10 年目　男性

上訴だけでは強制執行を止められない

原審判決で仮執行宣言が付いていた場合、上訴しても強制執行がされてしまうため、強制執行を逃れるためには執行停止の決定を得なければなりません。しかし、通常、執行停止を得るためには担保金を供託しなければならず、担保金が支払えない場合にはどうにか強制執行を回避できないか頭を悩ませることになります。

担保金が支払えない状況で、事実上、一部の強制執行を止めることができたケースを紹介します。

控訴審での破棄差戻し

依頼者は、とある事情から借地上の建物の名義を両親に移したところ、これが無断譲渡にあたるとして、地主から賃貸借契約解除及び建物収去土地明渡しを求められていました。使用状況に大きな変化がなかったことから信頼関係の破壊はないとして争いましたが、原審では敗訴し、仮執行宣言まで付いてしまいました。この結果を受け、依頼者の両親は、住み慣れた場所で住み続けることができなくなると悲嘆に暮れていました。

控訴したものの、依頼者に資力がなく担保金を支払えないことから執行停止を得ることはできず、控訴審中の審理に強制執行により建物は取り壊され、さらに、借地を含めた周辺の地主所有地では今にも大規模なマンションの開発が始まりそうな状況でした。そんな中、こちら側の主張が認められる形で高裁で破棄差戻しの判断がされました。

どうにかして強制執行を止めたい

高裁で破棄差戻しの判断がされましたが、差戻審の審理中に借地上に新たな建物が建築されてしまえば、もはや依頼者や依頼者の両親がこの住み慣れた場所で生活することはできなくなってしまいます。そのため勝訴の可能性が高い以上、どうにかしてマンションの建築だけは止められないかと悩みました。

強制執行を止めることを地主に求めたところで応じる可能性は低いので、発想を変えて、建物の建築業者に建築工事を止めるよう求めてみました。現地に出ていた開発計画の告知の看板から工事業者を調べ、控訴審でこちら側の主張が認められる形で破棄差戻しとなり、今後、地主の主張が認められる可能性が低く、このまま工事を続行し依頼者が勝訴した場合は、工事業者に対し損害賠償請求を行う可能性があることを記載した内容証明を送ったのです。

すると工事業者から連絡があり、状況を詳細に伝えたところ、差戻審の判断がでるまでは建築工事が中断することになったのです。

最終的には

結局、差戻審で勝訴することができ、そのまま判決は確定しました。仮執行宣言が実行されたことによる損害賠償金により、依頼者の両親は借地に建物を建て直して暮らしています。マンションが建築されていたら、損害賠償を得ることはできたでしょうが、同じ場所で暮らすことはできなかったでしょうから、建築工事を止めることができ本当によかったです。

こちら側に有利な高裁の判断が出ていたことが大きな要因ではありますが、正攻法では実現が難しいことでも、諦めずに方法を探すことで成果を上げることができることを学んだ事件です。

体験談3

補助参加人は控訴期間にご注意／上告審では答弁書を提出しない？

弁護士7年目　男性

司法試験用の知識？

皆さんは、司法試験の勉強をしたときに、補助参加人の控訴申立期間は被参加人の控訴申立期間に限られるという判例（最判昭和37年1月19日民集16巻1号106頁〔27002206〕、最判昭和50年7月3日裁判集民115号231頁〔27650503〕）を読んだ記憶はあるでしょうか。

私は、うっすらとだけあります。当時は、この判例の重要さなど全く感じることもなく、補助参加人は、被参加人のために訴訟行為をしているから当然の結論を言っているという認識でした。

そのため今頃になって、この判例の重要さを身をもって思い知ることになるとは夢にも思いませんでした。

控訴期間を徒過するような間抜けはいない？

弁護士になって数年、私は、判決の送達を受けた日は必ずメモをして控訴期間を確認することが習慣になりました。周りの弁護士も控訴期間の管理はしっかりとしています。そのため、巷で言われる弁護士による控訴期間の徒過は、都市伝説みたいなものだと思っていました。

ところが、私は、控訴期間を徒過してしまったのです。まさか自分がこんな失敗をするとは思ってもいませんでした。

私は、判決の送達を受けた後、依頼者に判決の説明と意向の確認をしました。そして、14 日間をしっかりとカレンダーで確認して、14 日目に控訴状を提出しました。

ところが、書記官から電話で、控訴期間経過の連絡があったのです。私は、頭が真っ白になりつつも、書記官に日数の確認をしました。

そうすると原告と被告には、補助参加人に判決が送達される前日に送達が完了していたのです。そのため、私が控訴状を提出したのは、被参加人の控訴期間から算定して、15 日目だったのです。

私は、電話を切った後、しばらく硬直していたと思います。

後日談

結果的には、当該事件は、原告も被告も控訴をしていたため、事なきを得ました。ただ、本当に結果的に問題が発生しなかっただけで、依頼者に控訴期間との関係から取下げをしたい旨を説明するときも消えてしまいたい気持ちでしたし、今思い出しても冷や汗がでます。

補助参加人と被参加人が必ずしも完全な協力関係ではなく、微妙な緊張関係にある事例があることもあります。そうすると、いつ判決が送達されたか、控訴の意向はあるかなどを確認しにくいこともあります。皆さんには、補助参加人として判決を受領した際には、被参加人にいつ送達がされたかを裁判所に確認することを推奨します。

上告審では答弁書の提出は不要？

この補助参加している事件は、控訴審において逆転勝訴し、原告側が上告及び上告受理申立をしました。なお、このときは勝訴のため、補助参加人側で上告期間の管理は特にすることなく、前述の教訓はあまり生かされませんでした。

私は、上告がされた以上、上告理由書が提出された後には、上告審でも答弁書を作成し、上告理由書に対して、しっかりと反論をする必要があると思っていました。

しかし、いつまで経っても上告理由書が届きません。不思議に思って裁判所に電話をすると「裁判所の方で特に必要と判断した場合には、答弁書の提出をお願いすることとなる」と言われました。まさか裁判において答弁書すら提出しないことになるとは思っておらず、鳩が豆鉄砲を食ったような気持ちで電話を切った記憶があります。

その後、先輩弁護士にも確認をして、最高裁判所から答弁書提出を求められるということは、結論が変わる可能性があることを意味するため、答弁書提出は不要のまま終わった方がよい、という話を聞きました。

控訴審では、控訴答弁書は、合議体で検討をするから期日の１週間前までに、控訴理由書に対する反論をしっかりと記載したうえで提出することが求められるのに対して、上告審では上告答弁書すら提出しなくてよい場合があるという落差にとても驚きました。

ワンポイントアドバイス

上訴期間は弁護過誤の入口……

上訴期間の徒過は、時効期間の徒過と並んで、言い訳の利かない弁護過誤の代表格です。近時では郵便事情の悪化により郵送方式での提出は遅くなることもあり、注意を要します。スケジュール管理から提出方法の確認まで、あらかじめ事務局も交えて整理しておき、遺漏なく提出できるよう万全の準備を心がけてください。

Method
18 管轄・移送・手続選択

▸ その裁判はどこで行う？

――管轄裁判所や手続の選択にあたっては、今後想定される手続の進行や、管轄裁判所の種類・性質等をふまえて、依頼者や代理人の負担が少なくなるように慎重に検討することが望ましい。

管轄裁判所の検討の視点

裁判管轄については、講学上さまざまな視点に基づいて多様な分類がなされています。一方、民事訴訟実務においては、専属管轄のない限り、いかに出頭がしやすく依頼者や代理人の負担が少ない場所の裁判所に訴訟を係属させられるかという視点から、管轄裁判所を検討することが多いものと思われます。

どこの裁判所を利用するか

土地管轄によれば、被告の普通裁判籍の所在地を管轄する裁判所（被告の住所地。民事訴訟法４条）に管轄権が認められることが原則ですが、義務履行地、目的物の所在地など事件の性質に即して認められる独立裁判籍（同法５条）や、複数の請求を併合提起する場合における関連事件の裁判籍である関連裁判籍（同法7条）を管轄する裁判所にも、普通裁判籍と競合して管轄権が認められます。

また土地管轄も原則として任意管轄ですから、合意管轄（同法11条）が認められる場合、当事者が合意により決定した裁判所にも管轄権が認められます。合意管轄は、紛争予防の観点から契約書に定められることが多いほか、訴訟提起前に双方が協議・合意することにより利用されることもあります（例えば、両代理人の事務所住所が東京都であるが、法定管轄が埼玉県のみの場合、合意により東京地裁を合意管轄裁判所にすることがあります）。

そこで、訴訟提起に際しては、管轄裁判所の候補をピックアップし、その候補が複数となる場合には、その中からできる限り依頼者や代理人に負担の少ない管轄裁判所を選択することになります。

なお、管轄違いの裁判所に訴訟提起した場合においても、他に専属管轄裁判所のない限り、被告の対応によっては応訴管轄（同法12条）が成立する余地もありますので、応訴管轄を狙って、あえて管轄違いの裁判所に訴訟提起することも考えられます。ただし、裁判所は訴状審査の際に、必ずしも応訴管轄の成否の可能性を考慮する必要はないとされているため、その成否については事前に慎重な検討をするべきです。

簡易裁判所か地方裁判所か

また、民事訴訟の第一審は行政事件を除き、原則として訴額が140万円以下の事件は簡易裁判所に、それ以外の事件は地裁にそれぞれ管轄権があります（事物管轄。ただし、訴額が140万円以下の不動産に関する訴訟は競合します）。

かかる事物管轄も任意管轄ですので、合意管轄や応訴管轄によって変更できます。また、地裁に訴額が140万円以下の訴訟が提起されたとしても、それが専属管轄に属しない限り、地裁はいわゆる自庁処理が可能です（民事訴訟法16条2項ただし書）。

したがって、訴額が140万円以下の事件であっても、訴訟提起の前に、当該事件の性質、争点の複雑さ、今後想定される進行等を考慮して、あえて地裁への訴訟提起を選択することも一般に行われています。ただし、この場合の成否も、相手方や裁判所の対応に依存しますから、必ずしも狙いどおりに管轄が発生しない可能性については事前に検討が必要となります。

専属管轄に注意

法定管轄の中でも、特定の類型の事件については、個別の法律に基づいて専属管轄の定めが置かれています。司法試験でなじみの深い審級管轄や職分管轄のほかにも、人事訴訟（人事訴訟法4条)、知的財産に関する訴訟（民事訴訟法6条)、会社関係訴訟（会社法835条1項等)、破産債権の査定異議訴訟（破産法126条2項)、否認訴訟（同法173条2項）等、実務で利用することの多い手続における専属管轄の規定には、注意が必要です。

移送

一方、訴訟提起を受けた被告としては、管轄に疑義がある場合、移送申立を検討することになります。具体的には、管轄違いに基づく移送(民事訴訟法16条)、当事者の申立て及び相手方の同意に基づく移送、遅滞回避・衡平確保のための移送（同法17条）などの手続を用いることが多いものと思われます。移送申立をする場合には、実務上、答弁書とは別に移送申立書を提出することが一般的です。

また、移送決定及び移送申立却下決定に対しては不服申立をすることが可能です。

移送と回付

同一地裁内における本庁・支部間の事件の移動や、支部相互間の移動を、「回付」といいます。回付は、管轄の問題ではなく司法行政上の事務分配の結果ですので、移送とは異なります。そのため、当事者には回付の申立権はなく、裁判所の回付決定に対する不服申立権もありません。仮に、支部から本庁への回付を求める場合には、職権発動の上申という方法となりますので、注意を要します。

一方、その裏返しではありますが、管轄権を有する裁判所であれば、本庁・支部いずれにも訴訟提起することが可能です（例えば、不動産に関する訴えを提起する場合、当該不動産の所在地が立川であっても、立川支部ではなく東京地裁本庁に訴訟提起することも考えられます）。もちろん訴訟提起後に、裁判所がこれを回付することも考えられますが、裁判所も当事者の意見を踏まえて柔軟に対応するケースが多いです。

体験談 1

裁判所の選択

弁護士６年目　女性

金額も少ないので簡易裁判所で

依頼者が工事の発注者に対して請負代金の請求をしていたものの、請負契約の成立自体について認識が一致せず、訴訟提起に至った事案でした。請求金額が少額であったため、簡易裁判所へ訴訟提起するということで依頼者にも説明しました。債権者の話を聞きながら管轄は、本庁だと思い込んでいましたが、よく考えたら支部が管轄となる案件であり、遠くてちょっと嫌だなと思いながら、管轄の簡易裁判所に訴訟提起しました。

簡易裁判所での審理

相手は訴訟代理人が付きましたが、第１回の期日に出頭せず、この先も出頭する予定はないと裁判所宛てに連絡があったそうです。答弁書の記載内容もほとんど認否のみで、具体的な主張はありませんでした（追って主張する旨の記載もなし）。出頭しないので、期日で裁判官や当方とやり取りをする機会もなく、相手の意向がつかめないまま、期日が数回経過し、裁判官としても進行をどうするか迷っているようでした。結局、裁判所書記官から連絡して、電話会議であれば応じるとのことだったので、弁論準備手続に付して電話会議をすることになりました。そして、当方が出頭して期日が何回か開かれました。

人証調べをするなら移送します

約８か月を経て、双方とも主張は尽くしたとして、人証調べを実施するか否かの意向を確認する段階に至りました。少し紆余曲折あったものの、結局、双方の代表者の人証調べを実施する申請をすることになりました。

ところが、人証調べの期日を決めるというときになって、突如、裁判官から、本件は、人証調べで心証をしっかりとる必要があるが、簡易裁判所で実施すると尋問調書の作成が省略されてしまうので、職権で地裁に移送することとしたいとの方針が示されました。

私としては、地裁で仕切り直してさらに時間がかかるのかとがっかりしましたが、異議を述べても時間がかかるだけだと思い、やむを得ず、しかるべくと回答しました。被告代理人は意見を留保したものの即時抗告はしなかったので、移送決定に基づき、地裁に移送されました。

地方裁判所での訴訟経過

簡易裁判所で概ね主張が尽くされていたこともあり、地裁の裁判官から補足を求められた点について、双方が書面を１通ずつ提出して、人証調べに進むこととなりました。

双方代理人とも係属裁判所と異なる都道府県に事務所があったのですが、移送後の第１回目の期日から書面による準備期日（Web 会議）で実施されたことなどもあって、期日が比較的順調に入り（移送された後の最初の期日も簡易裁判所の最後の期日から１か月以内に開かれました）、想定より早く人証調べ手続に進むことができました。

そして、人証調べが実施され、同期日終了後には和解について双方の意向の確認がなされましたが、双方の意向がかけ離れていて和解は難しいということで和解協議はすぐに終了し、弁論を終結したうえで、判決の言渡し期日が指定されました。結局、地裁に移送されてから、判決言渡しまで半年かかりませんでした。

提起する裁判所は十分に検討して

最初から地裁に提起していれば結論が異なったということではないですし、判決言渡しまでに要した時間も結果としてそれほど変わらなかったと思います。また、そもそも、地裁に訴訟提起したとしても自庁処理が認められたかもわかりません。したがって、本件を簡易裁判所に提起したことが間違いだったとは思っていませんが、請求金額の面から簡易裁判所に提起することしか考えず、地裁での訴訟提起の可能性を全く検討していなかったので、その点は、今後に生かしたいと思いました。

本件の場合、被告代理人が出頭しないという方針であったため、簡易裁判所に係属中は一度も顔を合わせることはなく、地裁ではWeb期日を2回開いてすぐに人証調べに進んだため、結局、一度も顔を合わせることがないまま人証調べまで進みました。最初に地裁に提起していれば、被告代理人が出頭する必要のある機会もあり、もう少し早く和解の話をする機会もあったのかなというところも考えた事案でした。

体験談 2

慣れない手続は慎重に

弁護士5年目　男性

手続選択で失敗

裁判管轄をめぐって失敗した経験があります。破産管財人代理の立場で、遠方に居住する債務者に対する比較的少額の債権の回収を担当したときのことです。

この債務者は、当方が複数回にわたって、電話連絡をしたり、通知書を送付したりして弁済を求めても一切反応を示さず、連絡すらとれない状況にありました。しかし、当該債務者は破産者の取引先であり、債務者名義の預金口座を把握できていたことから、強制執行も視野に入れて、法的手続による回収を図ることにしました。

この際、私は債務者の態度から、積極的に争ってくる可能性は低いと思われること、また費用対効果が重視される破産管財業務の性質等に照らし、通常訴訟の申立てではなく、支払督促の申立てを行うことにしました。ところが、いざ申立てを行うと、債務者は予想に反して異議申立を行い、通常訴訟に移行してしまいました。

遠方の裁判所に事件が係属して焦る

支払督促の裁判管轄は、債務者の普通裁判籍を管轄する簡易裁判所ですから、通常は債務者の住所地を管轄する簡易裁判所ということになります。そして、債務者が異議を申し立てて通常訴訟に移行した場合、この通常訴訟も同地を管轄する裁判所に係属することになります。

その結果、始めから通常訴訟を選択していれば、義務履行地である破産者住所を管轄する裁判所に訴訟提起できたにもかかわらず、私が支払督促を選択した結果、債務者の住所地を管轄する遠方の裁判所に事件が係属することになってしまいました。

その件は、Web 会議による手続も利用し、結果的に証人尋問前に和解できたため、裁判所にほとんど出頭せずに、なんとか事なきを得ましたが、裁判所への出頭のためだけに高額の出張費を破産財団から支出する可能性があったことを考えると、ぞっとします。

手続選択時に注意深くリサーチすれば簡単にわかったことですが、慣れない手続でリサーチが甘くなり、ひやりとした事案でした。

書記官が慣れていないことも？

裁判所に経験のない手続の申立てを行うときには、リサーチが足りずに、裁判所書記官からミスを指摘され、恥ずかしい思いをすることがあります。しかし、逆に裁判所書記官から誤った指摘を受けて、議論になることもあります。

すでに亡くなった養親と存命の養子との間の養子縁組について、養親の実子の代理人として、養子縁組無効確認訴訟を提起しようとしたときのことです。

養子縁組無効確認訴訟は、原則として調停前置主義の対象となりますが、一方当事者が死亡している場合、調停を行ったとしても、法律上、家庭裁判所は合意に相当する審判を行えませんから、調停を経ずに直接訴訟提起を行うことになります。

しかし、訴訟提起をした直後に裁判所書記官から、本訴訟は調停前置の対象となると指摘され、任意に取下げを行って、別途調停を申し立てるように求められました。

自分のリサーチの結果に少し不安になりながらも、裁判所書記官と電話で協議し、なんとか上記の論理で納得してもらうことができましたが、多数の家事事件を処理する家庭裁判所書記官でも、慣れない類型では手続を間違えることがあるのだと思いました。

慣れない手続での事前リサーチの重要性

初めて扱う手続の場合には、普段であれば簡単に気づくような単純なミスをすることがあり得ます。また、時には裁判所が誤った指摘をすることさえあります。

当たり前のことではありますが、慣れない手続を行う場合には、法律や基本書などの通常のリサーチだけでなく、信頼のできる実務書を確認したり、意識的に経験者からアドバイスを受けるなどして、事前の慎重なリサーチが不可欠だと思います。

体験談3

管轄争いから始まる消耗戦

弁護士9年目　女性

A県とB県

あえて固有名詞は伏せますが、A県とB県は日本有数の不仲な隣県同士といわれています。弁護士も例外ではなく、互いに強い対抗意識を持っており、特に某弁護士会連合会の人事をめぐっては……と、この辺にしておきましょう。

半年にわたる管轄争い

さて、事案は、A県に本店を置くX社が、B県においてとある施設を運営し、B県に本店を置くY社がその施設にテナントとして入っていたところ、賃料をめぐりトラブルになったというものでした。

Y社は地元のB地裁において賃料減額請求訴訟を提起しました。ところが、時同じくしてX社も、地元のA地裁において賃料増額請求訴訟を提起しました（詳細は割愛しますが、いずれも調停前置主義の例外事由がありました）。X社の訴訟代理人はご当地A県弁護士会のM弁護士、Y社の訴訟代理人は東京弁護士会の私でした。

言うまでもなく両訴訟は併合相当の事件であり、ここに熾烈で不毛な管轄争いの火蓋が切って落とされました。すなわち、X社は、Y社がB地裁において提起した訴訟をA地裁に裁量移送（民事訴訟法17条）することを申し立て、Y社は、X社がA地裁において提起した訴訟をB地裁に裁量移送することを申し立てたのです。

双方、当初は学説を縦横無尽に引用しつつ、賃貸借目的物の所在地がどうとか、予定される証人の住所地がどうとか、もっともらしい議論を戦わせていたのですが、次第にA県に停車する特急の本数は十分あるので交通至便だとか、B県で登録する不動産鑑定士の人数は多いので鑑定の質が確保しやすいとか、お国自慢まがいのことを書き並べた紙爆弾をぶつけ合うようになり、はてさて、裁判官たちはどんな気持ちでこの泥仕合を眺めていたのでしょうか。お互い若かったですね、M先生。

結局、A地裁とB地裁の間で事実上協議をしたのだと思いますが、両件をA地裁で引き取って併合することになり、本案の審理が始まったのは、訴訟提起から約半年後のことでした。本件を一緒に担当していた当時1年目の後輩弁護士は「管轄争いで半年とか、いかにも『実務』って感じですね！」と喜んでくれましたが、果たして教育上よかったのかどうか……と今でも考えることがあります。

消耗戦は続くよどこまでも

実は泥仕合は本案の審理に入ってからが本番でした。相手方は自力救済や場外乱闘を仕掛けてくるわ、依頼者は煽るだけ煽って梯子外しをするわ、賃料の鑑定費用はべらぼうに高いわで、なかなか思い出深い事件です。そのあたりのお話は、また機会があれば。

ワンポイントアドバイス

管轄の決定から戦いは始まる

体験談1と体験談2は複数の管轄裁判所からいずれの裁判所を選んで訴訟提起するべきかが問題となったケース、体験談3は管轄をめぐる争いが長期化し、本案に入るまでにかなり時間を要したケースです。

代理人にとって、依頼者の権利実現のために、時間と費用ができるだけかからない方法を選択するというのは重要な視点であり、管轄裁判所はその点に大きく影響するといえます。したがって、訴訟を提起する場合には、先入観をもつことなく、訴訟の見通しもふまえてあらゆる選択肢を十分に検討して管轄裁判所を選択することが重要と考えます。また、このように管轄が訴訟追行の利便性に与える影響の大きさに鑑みると、原告、被告いずれの立場に立った場合でも、時には、時間をかけてでも管轄に関して主張を尽くすことが重要です。

Method

19

遠隔地との裁判手続

▸ 遠隔地に行くことはなくなる？

——コロナ禍を経て、急速に拡大したのが、Webによる裁判手続かもしれない。それまで裁判所が遠隔地の場合、電話会議システムを利用して、遠隔地に赴かない方式での期日参加があり得たが、双方参加のWeb期日ともまた異なる。すべての裁判所で、Web期日が可能になれば、遠隔地に行くことはなくなるかもしれない！　さてさて、どうなることか。

コロナ前の遠隔地裁判

コロナ前は、遠隔地を管轄とする裁判の場合、実際に赴いて期日に出頭するか、弁論準備手続に付して一方当事者が遠隔地から出席する電話会議システムを利用した期日に出席するか、のいずれかでした（民事訴訟法170条3項、民事訴訟規則88条2項、3項)。なお、後者の場合、一方当事者は、出頭する必要があるため、両当事者が遠隔地の場合、いずれかの当事者は出頭することを求められていました（民事訴訟法170条3項)。

なお、一方当事者が出頭して、もう一方当事者は出頭しない場合、出頭しない当事者にとって不利になることはないとはされていますが、事実上不利になることを避けて、電話会議システムによる参加ではなく、あえて出頭を選択することもよく耳にします。例えば、弁論準備手続の電話会議において、切電した後に、裁判官と雑談交じりで事件の話をすることがありました。不出頭当事者からすれば、裁判官の心証形成に影響がないか、どんな話をしたのか、気になるはずです。

コロナ禍を経て、Web 会議の利用が活発に

コロナ禍となり、一時裁判手続が止まるなどした後、現在に至るまで、Web 会議による期日の実施が、急速に広まっています。

書面による準備手続（民事訴訟法 175 条）としての取扱いであるため、当事者の一方が出頭する必要はなく、裁判所を含めた三者間が各々別の場所から、音声の送受信により同時に通話することができる方法によって、参加することができます（同法 176 条 3 項）。

当該 Web 会議による期日の実施が、多くの裁判所でも取り扱われるようになれば、遠隔地に赴くことなく、一方当事者のみが出頭する場合の懸念もなく、気軽に期日に参加できることとなります。

依頼者の交通費などの費用支出の負担の面からも、大変メリットがある制度です。

体験談 1

遠隔地での裁判対応

弁護士 4 年目　男性

遠方で訴訟提起をされたとの相談

ある日、東京で自営業を営んでいる方（以下「依頼者」）が事務所に相談に来ました。相談内容は、依頼者が仙台に住んでいる方（以下「相手方」）から業務の委託を受け、着手金を受領したうえで委託した業務を遂行したにもかかわらず、委託した業務がなされていないとして相手方が着手金相当額及び慰謝料の支払いを求める訴訟を提起してきたというものです。

依頼者が持参した呼出状を見たところ、訴訟継続しているのは仙台地裁でした。また、相手方には代理人が付いておらず、本人訴訟でした。

依頼者に、裁判所への交通費等の実費の面で、東京にある当事務所への依頼で大丈夫か確認したところ、近くて相談しやすい当事務所への依頼を希望するとのことでしたので、受任することとなりました。もっとも、できるだけ依頼者の実費負担を軽くしたかったことから、何かできることがないかを検討することとしました。

移送の申立て

代理人が付いている場合、管轄違いの裁判所に訴えを提起してくるという可能性は低いのですが、本件の場合、相手方は代理人が付いておらず、本人訴訟であったことから、訴えの内容及び訴訟物が不明確でした。そこで、厳しいとは思いつつ、仙台地裁に対して、訴えの内容が明らかではなく当該裁判所の管轄に属しないとして、民事訴訟法4条1項に基づき、原則どおり被告の住所地を管轄する東京地裁に移送するのが相当である旨の申立てを行いました。

結局、すぐに相手方にも代理人が付き、移送の申立てに対する意見書が提出され、訴訟物が債務不履行に基づく損害賠償請求権である旨、訴えの内容が財産権上の訴えであり（民事訴訟法5条1号）、持参債務として原告の住所地が義務履行地となる結果（民法484条1項）、仙台地裁に管轄がある旨が明らかにされたことから、移送の申立てを取り下げることになりました。もっとも、訴状の段階では不明確であった訴えの内容や訴訟物を明らかにするという意義がありました。

第1回期日からのWeb会議の活用

東京地裁に移送してもらうという試みは失敗に終わりました。こうなりますと、できるだけ仙台地裁への出廷回数を減らすほかありません。

民事訴訟法170条3項は、「裁判所は、当事者が遠隔の地に居住しているときその他相当と認めるときは、当事者の意見を聴いて、最高裁判所規則で定めるところにより、裁判所及び当事者双方が音声の送受信により同時に通話をすることができる方法によって、弁論準備手続の期日における手続を行うことができる。ただし、当事者の一方がその期日に出頭した場合に限る」と定めています。また、同法175条は「裁判所は、当事者が遠隔の地に居住しているときその他相当と認めるときは、当事者の意見を聴いて、事件を書面による準備手続（当事者の出頭なしに準備書面の提出等により争点及び証拠の整理をする手続をいう。以下同じ。）に付することができる」と定めています。

ちょうど、コロナが蔓延している時期でもありましたので、感染拡大防止も理由に添えて、第1回期日から上記いずれかの方法で対応できないか、裁判所と協議を試みました。

すると、裁判所が相手方代理人とも協議を行い、相手方代理人の合意も得られたことから、当初設定されていた第1回期日を当事者の同意のうえで取り消し、変更後の第1回期日を双方Web会議で開いてもらえることとなりました（なお、手続的には同条の書面による準備手続に該当します）。

その後の経過

その後も訴訟はWeb会議で進行し、裁判所に出廷したのは、書面陳述・証拠調べ・証人尋問のための一度だけで済みました。遠隔地での裁判は、出廷すればするほど、依頼者に金銭的負担が生じてしまいますので、出廷を一度に抑えることができたことは大変幸運でした。

令和2年2月から一部の裁判所において「Web会議等を活用した争点整理」の運用が開始され、また、コロナの蔓延により、以前よりも、裁判所への出廷を必要としない運用がされているように思います。

今後さらに民事裁判のIT化が進み、遠隔地での裁判対応の負担が一層軽減されることを期待したいと思います。

体験談 2

ミンツって何？

弁護士７年目　男性

本件はミンツを利用したいのですが……

東京地裁に提起されていたある訴訟にて、令和４年７月頃の期日（訴え提起から約１年が経ち、当事者双方がすでに複数回主張のやり取りをしていました）で、裁判官から、「当部は、他の部に先行してミンツの運用を開始することになっているので、本事件でもミンツの利用をしたいと考えていますがよろしいですか」と申入れがありました。

mints（以下「ミンツ」）なるものの運用が一部裁判所で開始されていることは聞き及んでいましたが、日頃の業務にかまけて、ミンツの具体的な操作方法や、法律上の具体的な位置付け等を理解していませんでしたので、これを機会に慣れておこうと考え、積極的に利用したいと伝えました。

相手方代理人は、双方の主張・立証の大部分が済んでいたことから、今更利用しなくとも……という見解でしたが、だからこそお互いの今後のために利用しましょうと、利用を促しました。

ミンツって何？

ミンツとは、「民事裁判書類電子提出システム」の略称であり、民事訴訟法 132 条の 10 に基づき、裁判書類をオンラインで提出するためのシステムです。

裁判所のホームページ（https://www.courts.go.jp/saiban/online/

mints/index.html）では、主な機能が、ファイルのアップロードによる書面等の提出／直送、相手方当事者がアップロードした書面等のダウンロード／印刷、受領書の作成／提出（アップロード）であるものとして紹介されています。

従前も、Microsoft Teamsのファイルのアップロード機能を利用して、事実上のデータの共有がなされることもありましたが、同条を受けた電子情報処理組織を用いて取り扱う民事訴訟手続における申立てその他の申述等に関する規則の定めにより、正式にオンライン提出が可能となりました。ただし、オンライン提出が可能とされているのは、従前FAXによる提出が可能とされていた書面に限られます。

また、Microsoft Teamsと異なり、提出可能な時間帯が、24時間365日（ただし、毎月最終土曜日午前2時から午前10時まではメンテナンスで利用不可）となっています。

令和4年10月1日現在では、同年4月21日から運用が開始されていた甲府地裁及び大津地裁の各本庁、同年6月28日から運用が開始されている知的財産高裁、東京地裁（民事第5、8、29、34、40、46、47部）大阪地裁（第21、26民事部）で運用が開始されています。

今後、令和5年1月には東京地裁（前述の民事部以外）、大阪地裁（前述の民事部以外）、名古屋地裁（本庁）、広島地裁（本庁）、福岡地裁（本庁）、仙台地裁（本庁）、札幌地裁（本庁）及び高松地裁（本庁）で運用が開始されることになっています。

実際に使ってみて……

私が利用した際には、事前の案内で、準備書面と書証の写しは同一のファイルで提出しないこと、証拠番号の異なる証拠は個別のファイルとしてアップロードすること等、一定のルールに従ってアップロードすることが求められていました。

また、A3サイズの証拠は、縮小してA4サイズで送信するか、A3サイズで証拠としたい場合は、別途郵送等で提出する必要があり、また、カラーの証拠も別途郵送等で提出することが求められました。

近時は、クライアントに期日の報告書や訴訟提出された書面をPDF等のデータで共有することも増えてきましたので、(私は紙の記録でも保管していますので、出力もしていますが) 書面で提出されたもののホッチキスを外してスキャンするよりも手間が減り助かっています。

また、一定の大量の書証をFAXする場合の申し訳なさを感じないことや、郵送した場合と比較して提出にタイムラグがないこと、期限に書面の提出がない場合に、当方だけに書類が来ていないのかもしれないと不安になり、裁判所や相手方に問い合わせすることも少なくなるというメリットがあるなと感じています。

なお、予定された提出期限に書面の提出がなされないと、システム上自動送信メールで督促のメールが来るようです。

一般に、書類提出の催促は、裁判所書記官がしていますので、書記官の業務の効率化にも貢献しているかもしれません。

終わりに

クライアントとミンツの話題になると、「時流に乗った、ペーパーレスですね」という話をされることもありますが、裁判所も（私も）結局出力をしていますので、必ずしもペーパーレスではないのかもしれません。

ただ、今後も裁判手続もさまざま変化をしていくことが考えられますので、必要に応じて「使わない」という判断はあり得るかもしれませんが、「使えない」事態に陥らないよう、変化に対応して日々の業務に取り組んでいきたいものです。

また、上記のアップロードの方法等は、随時変更されることもあるかと思いますので、利用する際には最新の利用上の注意等を確認のうえ、利用してください。

ワンポイントアドバイス

IT 化によって変わる民事裁判実務

民事裁判の IT 化は、平成 29 年、当初は経済政策上の国際的競争力強化の観点から政策課題となり、令和 2 年以降、コロナ禍に急き立てられるようにして、法改正と実務対応の動きが一気に進展しました。令和 4 年 5 月、民事訴訟法改正法案が国会において可決成立し、令和 7 年までには裁判所の事件管理システムが完成し、本格的な運用が開始される予定です。

民事裁判の IT 化の根幹は、提出・審理・事件管理のオンライン化（いわゆる「3 つの e」：e-Filing、e-Court、e-Case Management）で構成されます。本 Method でご紹介した Web 会議による審理は、オンライン審理を先取りしたものです。また、ミンツは、裁判書類のオンライン提出に特化した暫定的なシステムであり、将来的には上記の本格的な事件管理システムに統合されていくことになります。

本 Method では遠隔地との裁判手続という切り口で取り上げましたが、民事裁判の IT 化の意義は、単なる IT 技術導入による利便性向上にとどまるものではありません。そのことは、IT 化の議論の早い段階から最高裁判所が繰り返し強調しているところです。IT 化を契機として、それ以外の実務的な工夫も取り入れつつ、民事裁判を活性化し、充実させていくことが望まれます。

Method

20

本人による訴訟追行

▶ いつもと勝手が違います

――本人訴訟に関与する場合というのは意外と多い。関与の仕方もさまざまで、原告又は被告として本人訴訟を提起していた当事者から法律相談を受けアドバイスを求められる、あるいは代理人として受任を求められることや、相手方が代理人を選任せずに本人で訴訟を追行しており、その本人と期日や期日外でやり取りしなければならないということもある。双方が代理人弁護士を選任している場合とは異なる対応が必要となることが多く、弁護士としては慎重な対応が求められる。

本人訴訟とは

当事者本人が、弁護士などの訴訟代理人を選任せずに自ら訴訟行為をすることを、一般的に本人訴訟といいます。当事者本人が自ら訴訟行為をすることを許さず、弁護士による代理でなければならないとする弁護士強制主義を採用する立法例もありますが、日本では弁護士強制主義を採用しておらず、当事者本人が自ら訴訟行為をすることができます。ただし、訴訟代理人を選任する場合には、簡易裁判所を除いては、原則として弁護士でなければなりません（弁護士代理の原則。民事訴訟法54条１項本文）。例外として、特許・実用新案・意匠・商標の審判等に対する訴えについては、弁理士を訴訟代理人とすることができ（弁理士法

6条)、特許侵害訴訟（弁理士法2条6項）については、弁護士とともに弁理士（特定侵害訴訟代理業務試験に合格した者に限る）を訴訟代理人にすることができます（同法6条の2)。また、簡易裁判所では、弁護士のほか司法書士（法務大臣が簡易裁判所訴訟代理人に必要な能力を有すると認定した者に限る（司法書士法3条1項6号イ、2項)）や裁判所の許可を得た者を訴訟代理人にすることができます（民事訴訟法54条1項ただし書)。

本人訴訟への対応は慎重に

弁護士が本人訴訟に関与する場合の代表的な例としては、①本人訴訟を提起しようとしているあるいはすでに提起している当事者から法律相談を受け、訴訟追行等について助言を求められる場合、②本人訴訟を提起した当事者から訴訟の途中で訴訟代理人として選任される場合、③訴訟の相手方が訴訟代理人を選任せず本人自ら訴訟追行している場合が考えられます。いずれの場合も、本人が法律や訴訟手続に精通していないことがありますので、弁護士等の専門家が代理人に選任されている場合と比べて特別な配慮を要することがあります。

例えば、訴訟の相手方が本人である場合に、FAXで主張書面や証拠を送付することができず、郵送で対応するしかないということがあります。このような場合には、郵送に要する日数も念頭において訴訟の準備を行わなければなりません。また、訴訟を自ら提起した本人から法律相談を受ける、あるいは訴訟代理人に選任される場合に、主張が法的に整理されていない、主張と証拠の関連性が不明確である、そもそも法律上の問題ではない主張がなされているということも珍しくありません。この場合には、主張や証拠を整理し直す必要があります。

本人訴訟に関与する弁護士としては、慎重な対応が肝要です。

体験談１

尋問はやっぱり代理人に

弁護士７年目　男性

当事者尋問の準備

個人間の貸金返還請求事件の原告代理人として、金銭の支払いを求めて、訴えを提起しました。金額が300万円を超えていたので、被告も代理人を付けるだろうと考えていましたが、裁判所がそれとなく弁護士に相談することを促しても、最後まで代理人を付けませんでした。

個人間の金銭の授受であったため、金銭消費貸借契約書がなく、被告も借りた金額の総額が異なる旨や弁済した旨の主張等をしたため、当事者それぞれの尋問を行うことになりました。

尋問を行う前提として、陳述書の提出と当事者本人の尋問を求める証拠の申し出をします。証拠の申出書には、立証事項と尋問事項を記載しますが、代理人が申出書を作成する場合には、尋問事項については箇条書きである程度抽象的に書くことが通常だと思います。

今回のケースでは、原告と被告の関係性、被告に金銭を貸し付けた経緯等の立証事項を考慮しながら、原告代理人から原告に対して尋問する予定の事項のざっくりとしたテーマを記載しました。

それに対して、後述するように代理人が付いていない場合、被告本人に対して裁判官が質問します。そして、質問をするといっても、裁判官が質問事項を考えるわけではなく、当事者本人から提出された質問事項を読み上げる形で質問をすることになります。そのため、今回のケースでも、被告本人は、担当裁判官から、質問事項をそのまま読み上げるので、具体的に記載するようにと指示されていました。

代理人としては、あらかじめ、個別の質問の内容がある程度わかるので、反対尋問の準備の参考になりました。

また、尋問前の期日の際に提出された尋問事項の中に明らかに質問内容として適当ではない内容がある場合は、その点については期日において主張等をするべきですが、事前に個別の質問の内容がわかっているとその指摘もしやすくなります。

異議は積極的に

尋問当日は、原告・被告の順番で尋問が行われました。私が、原告代理人として原告に対する主尋問を終えると、被告本人による原告に対する反対尋問が始まりました。被告は、貸した金額の総額やすでに返済しているという自分の認識を前提に原告に対して、質問をしていました。

自分の意見をふまえて「私は○○だと考えているけど、なぜ、あなたは○○と考えるのですか？」等の意見の陳述を求めたり、強い言葉を使ったり、誤導するような質問をしてくることがあり得ます。今回のケースでも当事者間の感情的な対立があったことから、被告からの反対尋問において、侮辱的な質問をされそうになったので、異議を述べました。

尋問の方法について、あらかじめ調べてくる当事者もいるかもしれませんが、なんでも質問することができると考えている人もいますので、依頼者が証言台で自らの記憶に基づいて証言できるように、適切に異議を述べていく必要があります。

尋問の進め方

被告に対する尋問は、あらかじめ当事者が提出した質問事項を裁判官が読み上げる形で尋問は進んでいきます。

基本は、一問一答でできるだけ回答は端的にすることを依頼者に伝えることが多いですが、代理人がいない場合は、自分が話したいことを全て話そうとする、答えたいことだけを答えることが多いです。

尋問内容に関連して書証を見せる必要があるときは、裁判官が見せるわけではなく、今回は、私が指定された書証を証言台まで持っていき、見せました。

質問内容をあらかじめわかっていると、その回答もある程度は予想がつくので、私は被告本人の回答を確認しつつ、事前に準備した反対尋問事項との照し合せを行っていました。

反対尋問に関しては、双方に代理人が付いている場合と変わることはありませんが、異議を言ってくる代理人がいない（仮に言うとしたら、証言台にいる当事者本人）という点は違いがあります。

体験談 2

受任すべきでしょうか？

弁護士 10 年目　女性

弁護士代理の原則

債務不履行に基づく損害の賠償を求めて簡易裁判所に訴訟を提起したものの、国際裁判管轄の有無が争点となり、事件が地裁に移送されてしまったという外国人の方から相談を受けました。移送先の地裁担当部からは、弁護士を選任するよう促されているということでした。依頼者は日本語が堪能ではないため、簡易裁判所では日本人の配偶者が裁判所の許可を得て訴訟代理人として裁判に関与していました。ところが、地裁に移送されると配偶者は訴訟代理人になることができません。かといって、本人が訴訟を追行できるはずもなく、まして、国際裁判管轄の有無という専門的知識を要する本件では、弁護士の関与が必要と思われるため、裁判所は本人に対し、弁護士を選任するよう積極的に働きかけていたようでした。

私は、相談者に対し、これまで原告としてどのような主張・立証をしてきたのか、その主張・立証に対して被告はどのような反論・反証をしてきたのかを詳しく確認していきました。すると、相談者の主張が認容されることは難しく、仮に一部認容されたとしても、認容額は極めて低額で相談者の希望額には遠く及ばない、弁護士を選任するとかえって費用が認容額を上回ってしまうかもしれないという見通しが立ちました。相談者にしても、被告にしても、裁判所にしても、関係者誰もが弁護士を選任することを必要としているのは明らかでしたが、かといって、相談者にとっては費用倒れになってしまう可能性が高い状況下で果たして受任すべきなのかと悩みました。

紛争の解決とはお金だけではない

相談者には、全面敗訴するかもしれないこと、仮に相談者の主張が一部認められたとしても許容額は低額になる可能性が高いこと、その場合には弁護士報酬の金額の方が認容額を上回ってしまい、費用倒れになってしまうかもしれないことを丁寧に説明しました。相談者は当初、なぜ自分の言い分が認められないのか、おかしいではないかと息巻いていましたが、徐々に事態を理解し、裁判所に自分の言い分を正確に伝えたいので、費用倒れの結果になってしまっても弁護士を選任したいということでした。それを受けて私は受任することとしました。

国際裁判管轄の有無に関する主張も含め、依頼者の主張を法的に整理し直して主張し、被告もあらためてこれに反論するというやり取りを何度か繰り返した結果、最終的には両者間で和解が成立しました。依頼者の請求金額には遠く及ばず、費用倒れにはならなかったものの、依頼者の手元にはわずかな利益しか残りませんでした。それでも依頼者は、自分の言い分を裁判所できちんと主張できたことに満足していました。「紛争の解決のあり様」というのはさまざまであることを実感した事件でした。

本人訴訟への関与は慎重に

本人がすでに訴訟を提起していて、途中から代理人として事件への関与を求められた場合、受任に消極的になりがちです。本人がそれまでに行った主張・立証が、実は本人にとって不利な事実を認める結果になってしまっており、巻き返しは難しいということもあるでしょう。あるいは、意思が大変強く、弁護士のアドバイスになかなか耳を傾けてもらえないということもあります。本人訴訟に関与する場合には、リスクについてより慎重に判断し、本人にはより丁寧に説明をし、十分な納得を得たうえで受任することが肝要です。

ワンポイントアドバイス

本人訴訟に関与するときは特に丁寧な説明を

体験談１は相手方が本人であったために、尋問において十分に立証が尽くせていなかったのではないかと思われたケース、体験談２は本人訴訟を途中から受任し、依頼者の意向に沿った解決ができたケースです。

弁護士に依頼するか否かの際に考える最も大きな要素の１つが、弁護士費用がかかることです。弁護士費用相当の利益を得られない可能性のある案件も多々ありますが、それでも弁護士に依頼するべき、した方がよい案件という場合も多くあります。ただし、依頼者にその結果について納得をしてもらうには、事前に十分に説明をしておく必要があります。

自ら訴訟追行をするか、弁護士に依頼するかを迷っている人に対しては、訴訟によって得られる見込みのある経済的利益と弁護士費用とを比べた場合の費用対効果について丁寧に説明し、十分な理解を得たうえで受任することが重要です。

Method

21 訴訟関係者の死亡・意識不明

▸ 訴訟追行は慎重に！

――民事訴訟は、解決までに数年を要することもあり、原告及び被告が死亡し、当事者能力を喪失したり、意識不明となり、訴訟能力を喪失したりする場合も当然に存在する。このような場合にどのような対応を行うかについて一例を挙げる。

当事者能力

民事訴訟法上、訴訟上の請求定立の主体又はその相手方となり、また、判決の名宛人となり得る資格である当事者能力が必要とされています（伊藤眞『民事訴訟法〈第7版〉』弘文堂（2020年）124頁、民事訴訟法28条）。そして、自然人の権利能力は、出生に始まり（民法3条1項）、死亡により終了することから、訴訟係属中に原告又は被告が死亡した場合には、当事者能力を失うため、訴訟手続は中断することになります（民事訴訟法124条1項1号）。もっとも、訴訟代理人がいる場合には、訴訟代理権は消滅しない（同法58条1項）ことから、訴訟手続は中断しません（同法124条2項）。

訴訟能力

前掲『民事訴訟法〈第7版〉』118頁によると、訴訟の当事者には、その者の名において訴訟行為をなし、又は訴訟行為の相手方たり得る能力である訴訟能力が必要とされています（民事訴訟法28条）。「訴訟能力……は、この法律（民事訴訟法）に特別の定めがある場合を除き、民法その他の法令に従う」（同条）とされていることから、訴訟係属中に原告又は被告が、意識不明になった場合には、訴訟手続は中断することになります（同法124条1項3号）。もっとも、訴訟代理人がいる場合には、当事者能力が失われた場合と同様に、訴訟手続は中断しません。

訴訟当事者が死亡した場合の対応方法

上記のとおり、当事者が死亡した場合でも、弁護士が訴訟代理人として受任している場合には、訴訟手続は中断しません。では、そのまま原告又は被告である依頼者が死亡した場合でも、弁護士は訴訟追行を継続するべきでしょうか。

民法上、依頼者が死亡した場合、委任契約は当然に終了することとされています（民法653条1号）。また、訴訟物が誰に相続されるのかも不明確な場合もあります（むしろそのような場合の方が多いかもしれません）。このような中、弁護士が自己の判断のみで訴訟追行を行った場合、後々相続人から苦情が出される可能性もあります。したがって、依頼者が死亡した場合には、代理人として、裁判所に対し、当事者が死亡した旨の届出を書面で行った（民事訴訟規則52条）うえで、当面の間、期日指定を行わないよう上申することをおすすめします。

依頼者が死亡した後も、代理人として訴訟を継続するか否かは、相続人の意思に従うこととなります。したがって、相続人の範囲を調査したうえで、相続人に対し、訴訟の内容の説明等を行い、当該訴訟を継続するのか等につき、決定してもらう必要があります。

仮に、相続人全員に、同じ訴訟代理人に訴訟を継続してもらいたい旨の意思がある場合には、あらためて、相続人全員との間で委任契約を締結したうえで、裁判所に対し、訴訟を継続する旨の上申書を提出することになります。この際、裁判所から、相続人の全員から委任契約を締結してもらっていることを証明するために、被相続人の出生から死亡までの戸籍謄本又は法定相続情報一覧図の提出を求められる可能性もありますので、その準備を行っておくのがよいでしょう。

なお、仮に、相続人同士の協議がまとまらず、訴訟物の相続関係が不明の場合には、代理人としては辞任せざるを得ないと思います。

当事者が意識不明の場合の対応方法

当事者が意識不明になった場合も、当事者が死亡した場合と同様、訴訟手続は中断しませんが、当事者の意思が不明瞭である以上、訴訟追行を継続すべきではありません。したがって、裁判所に対し、当事者が意識不明になったことを書面で届け出たうえで（民事訴訟規則 52 条）、期日指定を行わないよう上申することをおすすめいたします。

依頼者が意識不明の場合、家族の一部から、訴訟追行の継続をお願いされる場合があります。しかしながら、家族であっても、当事者が生存している以上、管理処分権は当事者にあることから、原則として成年後見人が就任するまでは訴訟追行を行わないことが後々の紛争を防止するために必要だと思われます。

もっとも、弁護士は、成年後見人の選任申立てをすることはできない（民法 7 条）ため、成年後見人の選任申立権がある人に対し、申立てを行うよう依頼し、成年後見人が選任されたら成年後見人との間で協議を行って訴訟追行を進めていくことになります。

体験談 1

相手方代理人が意識不明

弁護士 12 年目　女性

ある日突然に

原告代理人を務めていた訴訟期日について、ある日裁判所から、「被告代理人が入院したので期日を取り消します」という連絡を受けました。被告代理人は、いわゆる一人事務所の弁護士で、同じ事務所に他の弁護士は所属していませんでした。

その後しばらくして、別の事務所の弁護士が追加選任されましたが、入院した弁護士は意識不明の状態が続いているということでした。

本人の所在不明

新たな弁護士が追加選任されて訴訟は進むかと思ったのですが、当該事案は被告が２名おり、１名については新しい弁護士が付いたものの、もう１名は被告本人が所在不明になっていました。

そのような中で当方が訴えの変更（拡張）をしようとしたところ、送達先をどうしたらよいのかという問題が生じました。意識不明の弁護士が形式上所在不明の被告の代理人になっているものの、当然ながら辞任することもできません。もう一方の被告との間で訴訟は進むため、送達先以外にも、和解や判決をしてしまってよいのかも問題となりました。

裁判所が従前からの代理人の事務所や家族に連絡をとったようですが、被告本人の連絡先はわからないということでした。

住民票調査

従前届出のあった送達先への送達で当方としては足りるようにも思いましたが、事情がわかっている以上、裁判所は被告本人に通知できるよう動くべきと判断しました。

結局、所在不明の被告の住民票を当方が取得し、裁判所に被告住所の変更の上申書を提出しました。

それを受けて裁判所が被告本人に送達を行い、最終的には被告本人と連絡がつき、その後被告本人が出廷するようになりました。住民票の移転はされていたため、このような方法で連絡をすることができましたが、住民票が動いていなければどうしようもありませんでした。

不測の事態への対応

代理人及び本人のどちらもが動けなくなるということはあまりないように思いますが、今回のケースのように、不測の事態が生じることもあります。日頃から、自分が急に業務ができなくなった場合でも事務所内で対応してもらえるよう備えておこうと強く思いました。

なお、令和元年６月に成年被後見人等の権利の制限に係る措置の適正化等を図るための関係法律の整備に関する法律が成立し、弁護士法上の欠格事由から「後見人」が削除されました。以後、弁護士法13条に基づく個別審査となっています。

体験談 2

依頼者の死亡

弁護士８年目　男性

連絡がつかない！

被告代理人を務めていた訴訟事件で、弁論が終結して、次回が判決期日というところまで来ていました。依頼者が高齢であるため、連絡は電話か郵便で行っており、この日も期日が終わると、期日前に提出した書面のクリーンコピーと、判決期日を知らせる手紙を送りました。ところが、その封書が「あて所に尋ねあたらず」で戻ってきてしまったのです。ひょっとして入院でもされたのかと、電話をしてみましたが、電話が通じません。

そこで、念のためにと住民票を取得したところ、依頼者が前回期日の前に亡くなっていたことがわかりました。前回期日後に郵送で送った書類は届いており、電話での連絡もとっていなかったので、全く気づきませんでした。数か月前に事務所で打合せをしたとき、途中で少し道に迷ってしまったということはありましたが、話などは普通にできており、その後、入院されたということも聞いていなかったので突然のことに大変驚きました。

判決期日は予定どおりに

すぐに書記官に連絡したところ、「先生が付いているので、中断等の問題は生じませんが（民事訴訟法58条1項1号）、進行については念のため裁判官とも相談して折り返します」とのことでした。そして、再び連絡があり、判決の言渡しはすでに指定した期日に予定どおり行うとのことでした。

原告は本人（会社の代表者）が訴訟に対応していたのですが、こちらから連絡した方がよいかと聞いたところ、必要ないとの回答だったので、特に連絡をすることはしませんでした。

相続人の調査

本件の事案の内容は、依頼者と原告とが自宅の外壁塗装の請負契約を締結した後、依頼者が契約を一方的に解約したとして実費を請求されたものでした。依頼者の言い分は、原告が作業に着手して実費を支出する前に契約を解除したというものなのですが、残念ながらその証拠が揃わず、実費相当分についての原告の請求は認められてしまうおそれがあるという見通しの厳しい事案でした。判決言渡し後に相続人へ速やかに引継ぐ必要もあるので、すぐに相続人調査を開始しました。幸い、判決言渡し期日までに相続人が判明したので、判決書を受領後、すぐに相続人らに連絡をとって、訴訟の経過と結果、相続を承認すれば判決の効力が及ぶこと等を説明しました。

判決言渡し後

判決言渡し期日の直後（確定前）に、原告側から支払い先口座を指定する連絡がありました。裁判所から何も連絡が入っていないのかなと少し驚きましたが、私からは、すでに被告が死亡していることを伝える書面を返信で送付しました。原告の代表者からなぜ知らせてくれなかったのかと怒りの電話が来ましたが、当然ながら、相続人の名などをこちらから伝えることはできず、すでに代理人としての業務は終了していると淡々と伝えるしかありませんでした。

その後、相続人らの了解を得られたので、全員の相続放棄受理申述書を原告側に送付して本件は終了しました。

こまめな連絡は大事！

依頼者が亡くなっても、法律上は、代理人として訴訟手続は進行することができますし、本件は弁論終結後であったため、新たな主張の必要等もなく事実上の支障もありませんでした。相続人調査も比較的スムーズに終わり、判決言渡し後の手続も問題なく行うことができました。ただ、本件のように、裁判所が判決言渡し時に当事者の死亡を把握していながら、判決の当事者の表示が亡くなった当事者になっていた場合に、相続人に効力が及ぶかという問題が生じ得ます。本件では、幸い問題になりませんでしたが、裁判所に判決期日の言渡しの延長を上申し、先に相続人の調査をした方が適切であったのかなと考えさせられます。

訴訟の当事者が訴訟の途中で亡くなった場合、タイミングや状況によっては相続人に実質的な不利益が生じてしまうおそれも十分にあることなので、当たり前のことですが、依頼者との連絡をこまめにとる、メール、郵便で連絡して返事がなかった場合は注意をすることが必要なのだなと感じた事案でした。

体験談3

依頼者及び証人予定者の死亡

弁護士９年目　男性

依頼者の急死

個人事業主（実態は家族経営）である依頼者の代理人を務めていた訴訟事件の途中に、依頼者が死亡するということがありました。尋問前に和解期日を数回開いて和解金額の調整を行っている段階でのことでした。

本件に関する対応は、基本的には依頼者の妻がしていて、私も継続的に依頼者の妻と連絡をとっていたため、依頼者が亡くなられたこと自体は、すぐに妻より連絡をもらうことができました。そこで、裁判所に対し依頼者が死亡したことを連絡したところ、裁判所からは、法定相続情報証明書を取得したうえで、訴訟物にかかる権利関係の相続人間の書面を提出してほしいと言われました。

これを受けて、依頼者の妻に連絡をしたところ、彼女から、他の相続人に対して事情を説明してくださり、訴訟物にかかる権利関係は、妻のみが承継することが相続人の間で合意されました。

そこで、私は、法定相続情報証明書及び遺産分割協議書を裁判所に提出し、依頼者の妻が地位を承継して期日が続行されました。

証人予定者の急死

上記のように途中で当事者を変更し、手続自体は続行することができましたが、当初の依頼者とその妻とでは、和解に関する考え方が異なったことから、当事者が妻に代わると尋問前の和解は成立せず、証人尋問を行うこととなりました。訴訟提起段階では、もともとの依頼者、妻、当時雇用していた従業員の３名の証人尋問を行うという立証計画を立てていましたが、もともとの依頼者が死亡したことから、妻の本人尋問と、当時雇用していた従業員の証人尋問の申請を行うこととなりました。そして元従業員と事務所で面談をし、その陳述書も作成し、提出しました。

後は、尋問の日程と時間を決めるだけであり、私としても２名の尋問の準備を行っていました。ところが、尋問の日程及び時間を決める期日の１週間前に、従業員が急死した旨の連絡がありました。これにより、当初予定していた立証計画の大幅な変更を迫られることとなりました。

立証の不十分性

従業員の証言は、重要な争点の１つに関して、必要不可欠なものでした。しかしながら、当該従業員が亡くなられたことで、かかる争点を立証することが大変困難な状況に陥りました。もっとも、当方は、被告側であったことから、必ずしも当方のストーリーを立証する必要性はなかったため、立証計画を、相手方のストーリーを弾劾することに絞るというように変更して対応しました。当方が原告側だった場合には、このような対応をとることは不可能であったことから、被告側でよかったと思った記憶があります。

和解への影響

尋問が終わり、尋問後の和解協議が行われました。当初の依頼者及び当時の従業員の方合計２名が亡くなってしまったことにより、当事者双方の厭戦感が非常に強い状況で、当事者双方とも和解に前向きになっていました。もっとも、和解金額の調整の際に、裁判官から証人予定者が２名死亡したことから立証が不十分だとして、当方は大幅な譲歩を迫られました。

死というのは、不可避なものであり、誰にでも訪れるものではありますが、当事者や関係者の死亡が事件に与える影響というのは非常に大きいものだなということを強く感じました。

ワンポイントアドバイス

原則を大事に

訴訟が提起されてから和解や判決によって終了するまでには1、2年かかることも多く、上訴した場合、あるいは訴訟前の交渉手続の期間をあわせた場合には、紛争解決まで全部で数年かかるという案件も珍しくありません。その期間に、当事者、関係者などが亡くなってしまうことも当然にあり得ます。

そのような不測の事態への対応を事前に想定しておくことは難しいですし、そこまでは必要ないですが、いざそのような事態が起きた場合に、依頼者にとっての不利益を最小化するよう手続を進めることが求められます。そのためには、まずは、原則どおり、民事訴訟法上の手続規定にのっとって進めつつ、裁判所や相手方と十分に情報を共有しながら、臨機応変に対応することが重要だと考えます。

執筆者一覧（五十音順）

編集代表・執筆

川瀬　渡　　弁護士（60期・東京弁護士会）／銀座法律事務所

編集・執筆

枝廣　恭子　　弁護士（62期・東京弁護士会）／虎ノ門第一法律事務所

柿沼　彰　　弁護士（63期・東京弁護士会）／柿沼彰法律事務所

鳥羽　浩司　　弁護士（60期・東京弁護士会）／紺野秋田法律事務所

西野　優花　　弁護士（69期・東京弁護士会）／早稲田リーガルコモンズ法律事務所

山岸　泰洋　　弁護士（61期・東京弁護士会）／弁護士法人エクイタス（リソルテ総合法律事務所）

執筆

上田　晃司　　弁護士（69期・東京弁護士会）／上田法律事務所

牛島　貴史　　弁護士（65期・東京弁護士会）／吉野高法律事務所

川口　祐佳里　　弁護士（64期・東京弁護士会）／ルネス総合法律事務所

川野　仁　　弁護士（69期・東京弁護士会）／佐藤総合法律事務所

清藤　仁啓　　弁護士（67期・東京弁護士会）／檜垣総合法律事務所

小寺　悠介　　弁護士（66期・東京弁護士会）／KODAMA法律事務所

小林　憲司　　弁護士（70期・東京弁護士会）／弁護士法人芝田総合法律事務所

佐藤　顕子　　弁護士（62期・東京弁護士会）／武藤綜合法律事務所

塩津　博伸　　弁護士（67期・東京弁護士会）／塩津法律事務所

大伍　将史　　弁護士（71期・東京弁護士会）／弁護士法人アディーレ法律事務所

田中　純一郎　　弁護士（61期・東京弁護士会）／JTS総合法律事務所

福林　秀幸　　弁護士（68期・東京弁護士会）／堂野法律事務所

正木　順子　　弁護士（64期・東京弁護士会）／銀座プライム法律事務所

馬渕　裕二　　弁護士（63期・東京弁護士会）／馬渕総合法律事務所

宮田　直紀　　弁護士（65期・東京弁護士会）／あみた綜合法律事務所

宮田　洋志　　弁護士（65期・東京弁護士会）／水津正臣法律事務所

吉岡　賢人　　弁護士（70期・東京弁護士会）／堂野法律事務所

サービス・インフォメーション

通話無料

①商品に関するご照会・お申込みのご依頼
TEL 0120 (203) 694／FAX 0120 (302) 640

②ご住所・ご名義等各種変更のご連絡
TEL 0120 (203) 696／FAX 0120 (202) 974

③請求・お支払いに関するご照会・ご要望
TEL 0120 (203) 695／FAX 0120 (202) 973

●フリーダイヤル（TEL）の受付時間は、土・日・祝日を除く 9:00～17:30です。

●FAXは24時間受け付けておりますので、あわせてご利用ください。

こんなところでつまずかない！
民事訴訟手続21のメソッド

2023年 2 月10日　初版発行

編　著　東京弁護士会 親和全期会

発行者　田　中　英　弥

発行所　第一法規株式会社
〒107-8560　東京都港区南青山2-11-17
ホームページ　https://www.daiichihoki.co.jp/

デザイン　中村圭介・堀内宏臣・平田賞
（ナカムラグラフ）

民事訴訟手続21　ISBN 978-4-474-09130-6　C2032 (6)